Democracy
Café
蒂瑪小姐
咖啡館
咖啡館裡的六堂公民課
蒂瑪小姐咖啡館小編 —————— 著

# 目次

## 立法委員給戰嗎？



## 法律的存在是為了保護誰？

## 臺灣，真的民主嗎？



## 政治，真的很髒嗎？

## 還有這些問題你想過嗎？

【推薦序】

# 成功的溝通，是快樂地帶著各自偏見離開？

沈清楷／輔仁大學哲學系副教授，哲學星期五創辦人

公民社會因為對公共事務的價值或解決方式的不同，人與人的衝突難以避免，如果不選擇以暴力或是威權獨斷的方式來解決衝突，各種不同形式的對話，是不可或缺的。儘管，對話不見得會導向真正的溝通，但是對話帶來一種設身處地的可能，從而讓理性可以介入對話中的衝突。因為，在對話過程中，我們首先面對人我的差異，進而看到自己與他人的不足、包容彼此的不成熟，或是進一步，在對話過程中，帶著微笑且滿足地欣賞到他人知識、智慧、善良、優美之處。

面對臺灣公民社會的衝突與矛盾，「蒂瑪小姐咖啡館」在啜飲著咖啡中，在不經意間，由淺而深、而遠而近，除了在網路上即時地介入時事討論，也將這些討論集結成書，精心設計許多具有現實感、價值感卻不沉重的輕鬆對話，企圖讓公民社會中許多價值衝突，能夠冷靜地溝通，如果更好的話，這些對話，也會帶來據以共同行動的啟發。

但是，對於根本就不相信共識或是交疊共識，會問著，溝通與共識，難道不會是偏見和誤解的交織？成功的溝通，是否只是快樂地帶著各自的偏見回家？我們的對話難道不是表面的？為何有了表面的對話，就有了溝通、共識、和解？難道我們忽略了衝突就像岩漿般，既紅且熱，在交疊共識的溝流中，汩汩地流竄在人我之間，而人隨身攜帶著充滿犬儒的酸液，等待時機潑向他人？

「蒂瑪小姐咖啡館」知道人我之間的衝突，是無法避免的，他提供我們一個閱讀對話的機會，提供一個傾聽的場域。這樣的對話看似是虛構，卻藉由對話過程，澄清了知識落差可能造成的疑惑、以及展演了人們常常不知為何而來的對立與憤怒。

這樣的對話設計，雖然帶有基本價值，但是並不導向預設的結論，而保持著對問題的敏感度以及批判開放的可能。讀者觀看發生在「蒂瑪小姐咖啡館」內對話之際，一方面，這些對話內容，具體指涉了臺灣當下的現實生活；另一方面，也讓讀者保持某種距離，可以喘口氣，不需要焦躁地直接介入現實中具體的爭吵，反而可以緩緩地抽離獨語式的偏見，停下來思考自己的觀點，試著從不同於自己的角度，有餘裕地去理解問題本身以及可能的解決方式。

我思忖著「蒂瑪小姐咖啡館」中這些對話，所面對勞工、族群、性別、階級的差異，就像是公民社會價值危機的救難隊，面對惡劣的環境、不可預期的天災、帶有惡毒的人禍，面對加害者的冷漠無感、脆弱人性中一不小心就被誘發的虛偽貪婪，持續以一種莫以名之的樂觀卻寬厚的生命情調，以虛構的對話，企圖救贖朝向懦弱虛假屈服的人生；在對談中，向陌生人伸出溫暖，並在艱困悲苦中，依然不放棄對美好共善生活的想像。這些執念與努力所希望的是，生活在一起的我們，能夠真正聽見彼此。

#【推薦序】

# 一同做負責任的公民

梁文韜／成功大學政治系教授，英國牛津大學政治學博士

一直以來常常聽到「XX歸XX，政治歸政治」這種說法，或許是基於忙碌，又或者是覺得政治人物都很虛偽，甚至認為政治很髒；不論如何，對政治的不想理、不想知是很多臺灣人的心態，反正就找個理由去迴避政治。當然在實行代議制度的民主社會中，大家將政治事務交給代議士及民選政府處理是無可厚非的。不過，這不表示我們可以對社會爭議置之不理、置若罔聞。

如果一直抱著事不關己、己不勞心的心態，當自己遇到不合理或不公平待遇時，又如何能期待大家去關心甚至支持你呢？本書透過對話方式呈現不同議題其實都跟生活息息相關，在勞工權益、民主制度、醫療及教育等等的討論當中都具有啟發性。

另外一個極端是有些人則非常關心政治，但往往容易跟著片面報導或社交媒體的風向

打轉、起鬨甚至對社會事件中的人物進行一番又一番的網路霸凌。這些現象可能由於對真相的誤解或一知半解，也可能是對事情缺乏的理性討論。

如果面對爭議時，只訴諸於情緒發洩甚至謾罵，並無助於問題解決。本書的內容不單表現追求真相的重要性，更顯示辯論的重要性。各章透過溝通和對話形式帶出不同的切入點，增加達至更合理判斷的可能性。讀者也可以自身代入書中的人物裡，試著跟其他角色對話，從而思考自己該抱什麼立場。

在此誠摯地推薦本書給大家，讓我們敞開心胸、關心社會，一同做負責任的公民。

# 勞工是誰、心裡最軟的一塊？

# 空服員為何罷工？

「我早上要上班的時候，經過華航大樓，有繞過去看空服員罷工，太陽好大，他們好辛苦喔。」S女說。

「是喔，我沒在注意這個新聞說，隨便啦，他們不要在我要出國的時候罷工就好。」T男回答。

「……所以如果在你出國的時候罷工，你會很生氣囉？」

「當然啊，那樣會害我出國行程受影響啊。」

「可是，華航高層片面修改勞動合約，在大部分的空服員都沒有簽的狀況下，就要求臺北空服員報到地點改去桃園，資方又一直不願意跟工會好好坐下來談判，才會引發這麼大的罷工啊，你要怪也是怪華航，怎麼會是怪空服員？」

「啊是因為空服員罷工才讓我要搭的班機被耽擱啊，我當然怪他們。而且報到地點改去桃園有什麼了不起的？一般公司如果搬家，員工也是要跟著換地點工作啊，工作不是本來就是這樣。」T男聳聳肩。

「算了，先不跟你講這個了。你什麼時候退伍啊？」S女雖然這樣說，不過還是偷偷翻了個白眼。

「還要兩個月吧！」T男嘆了口氣。

「問你一個問題喔，如果你今天本來晚上九點收假，可是部隊晚上七點就要點名了，然後跟你說點完名你還是可以休息，一樣九點才算收假。你感覺怎樣？」

「當然很差啊！點名就代表已經回營區了，就算可以休息也不像在休息，休息時間當然就是要在營區外。部隊提早點名，對我來說就等於少了兩個小時的休息時間，不到最後一刻我才不想回去咧！」

「所以你會覺得很生氣對不對？」S女臉上一抹狡詐的笑。

「廢話。」T男瞇著眼睛瞪了瞪S女。

「這就是空服員生氣的原因啊！」

「啊？什麼意思？」

「空服員報到地點從松山改到桃園，跟你說的『因為公司搬家所以員工要換地點工作』，是完全不一樣的狀況喔。空服員不像一般白領工作，上班到公司打卡完就可以立刻上工。他必須要在起飛以前，就先到機場待命，並且先上飛機把預備工作做好。所以空服員工時的計算，有四個關鍵點，分別是『報到』、『起飛』、『落地』、『報離』，工時的部分，是從報到算到報離。但是薪資的計算，是從起飛算到落地。」

「聽起來跟一般上班族好像不太一樣。這樣不就代表如果提早報到的、延後報離的話，薪水也不會比較多？」

「對。所以報到跟報離的時間，跟薪水無關。可是計算實際工時的部分，會從報到的時間開始算起，而報離的時間算結束。這跟休息時間就會有很大的關係了。所以如果你試著去找新聞，你會發現他們主要的訴求，爭取的是休息的時間。

「因為空服員的工作性質比較特殊，加上攸關飛航安全，所以民航相關法規有規定，根據不同的飛航時間，要給飛航組員一定的休息時數。像桃園通常都是飛國際線，國際航線飛航時間如果沒有超過八小時的，在值勤完畢後依照規定要給連續十小時以上的休息時間。

「這次引起罷工的原因，是因為華航與空服員在雙方都沒有簽訂新工作合約的狀況下，就片面要求報到地點一律改去桃園。以前的規定是說在起飛前一百四十分鐘，於松山機場報到，然後從松山到桃園。到達桃園機場的時間，必須是起飛前九十分鐘。這代表原本從松山到桃園的五十分鐘車程，都算在工時裡面。但如果改成去桃園報到的話，就代表空服員從臺北去桃園的過程，將不再計算在工時裡面。」

「不算在工時？但是這五十分鐘的通勤也不會平白消失，那不就等於算在他們的休息時間了？」T男問。

「是啊，所以我剛問你，如果你要提早到營區，你覺得算是在休息嗎？你不覺得這狀況其實有點像？只是以當兵的例子，是人在營區。而空服員的例子，是原本可以算成工時一部分的通勤時間，被改成占用了他們的休息時間。」

「這樣聽起來確實感覺很差……可是這樣改，對華航給薪資，又沒有差異，華航為什麼要改成這樣，然後搞得現在空服員生氣到罷工？」

「我先跟你說華航還改了什麼。他們除了改報到地點，另外還改了報離的時間。過去工時結算，是在飛機落地後一小時，現在統一改成落地後三十分鐘。所以加上剛剛的五十分鐘，華航一共偷了八十分鐘的工時。」

「所以臺北空服員會這麼生氣，因為等於少了八十分鐘實質可休息的時間。可是我還是不懂華航這樣改有什麼好處？」

「航空產業雖然比較特殊，但是關於工時的限制還是要受《勞基法》的規範。簡單來說，就是每趟正常工時和延長工時加起來，不得超過十二小時的規定。但是之前華航就常常違反這個規定。」

「那不就會被罰？」

「是啊，可是他們會算啊，如果被罰的錢跟多賺到的錢比較起來，不成比例的低，那我當然寧可準備一筆錢來應付勞動檢查的罰款，然後繼續做違法的事情。可是啊，如果這筆錢可以再透過動手腳而不被罰或少罰一點的話，不就更完美了？工時少了八十分鐘，轉嫁到空服員的休息時間，那他們的工時在數據上就可以變得很漂亮，可以減少因為『超時』而被勞檢產生的罰款。

「問題是，空服員實際的工作時間沒有變少，空服員要負擔的工作也沒有變少啊！而且八十分鐘轉嫁到空服員的休息時間後，代表華航一面可以把值班時間排得更密集，卻又可以規避『工作超時』造成的罰款。

「我問你，你剛最早說不要在你出國的時候罷工就好了。可是如果你知道飛機上那些幫你服務的空服員，因為這樣造成休息時間不足，而有所疏忽或無法應付緊急狀況，你能接受嗎？如果真的發生危險，需要緊急疏散逃命的時候，你希望這些空服員在最佳精神狀況、足以應付這種危機；還是你想要一群過勞的空服員來服務你？你真的覺得這樣的飛行安全是你覺得可以接受的嗎？」

「那……我改搭其他航空公司的飛機會比較好嗎？」

「你知道航空公司中只有華航的空服員有組工會嗎？」

「你的意思是……航空公司之間是在比爛的嗎？」

「你自己想囉。我是不介意你繼續說空服員罷工沒關係，只要不要在你出國的時候就好……」S女聳聳肩。

「你饒了我吧，我承認該怪罪華航高層而不是空服員了。」

# 飛機不飛，算誰的？

「你有看到長榮因為太多員工請天災假所以飛機停飛的新聞嗎？」T女問。

「有啊。我有點意外，去年華航空服員罷工事件發生時，我才知道長榮完全沒有工會。但這次看新聞發現長榮現在也有企業工會了，而且這次員工請天災假，工會作為員工的靠山，發揮了很大的作用。」G女說完，喝了一口咖啡。

「感覺臺灣勞工對於爭取自己的權益開始有更多的行動了，這真的是好事。不過我還是不太喜歡某些媒體報導這些事的立場。」T女扁了扁嘴。

「怎麼說？」

「像有一個媒體，前面先擷取一個旅客說因為機組人員請假造成飛機被取消。接著他去訪問一個要出國準備婚禮的旅客。記者問：『婚禮的準備會不會受到影響？』明明那個旅客自己說：『目前還好。』結果畫面上卻還是打出『新人婚禮受影響』。記者還說：『有人原本要飛到海外進行婚禮，不過行程也突然被延遲了，現在傳出航空人員突然請了天災假，導致近萬旅客受到影響。』

「當然，我相信行程一定都會被影響。但這種報導方式會讓人覺得飛機停飛的責任，全都應該直接算在機組人員請天災假的頭上。表面上看起來，一群空服員突然請天災假造成調度問題，旅客很無辜，航空公司好像也很無辜。旅客確實是無辜，但航空公司真的無辜嗎？」

G女聽完一邊翻白眼一邊搖搖頭。「媒體這種報導方式真的會讓人覺得在替航空公司護航欸。想一想其實很諷刺，我每次颱風夜看記者在外面被風吹，都會覺得他們很可憐。結果一樣是被剝削的勞工，當其他行業有勞工出來為自己爭取合理權益跟工作安全時，那種訪問跟剪接方式，卻又故意讓觀眾覺得這是惡意罷工、很不應該的態度。真的會覺得勞工何苦為難勞工啊？

「這次長榮空服人員之所以依法集體請天災假，導火線其實是來自於去年的梅姬颱風。當時幾乎所有航空公司都取消班機了，只有長榮航空硬飛；而當時也發生因為風勢太強，飛機無法順利降落，只能不斷在空中盤旋的事，有的飛機甚至是搏命降落。長榮當時還揚言要對某些網路言論提告，在民航局表示要檢查是否符合起降規定後，長榮才表示會檢討。事後，根據民航局的調查，長榮當時有高達八個航班違規。

「說得不客氣一點，長榮這樣對待自己的勞工，今天被勞工反將一軍，也只是剛好而已。」

T女點點頭，喝了一口咖啡後接著說：「是啊，很多人喜歡用勞工罷工是三輸——旅客輸、航空公司輸、勞工也輸，來認為勞工爭取勞權是『沒有榮譽感，自私自利』。

「但問題是，當資方在天候極差的狀態下要飛機起飛，難道就很有榮譽感、不自私自利嗎？資方贏了利潤而逼勞工吞下不好的勞動條件時，都不會說勞工輸得多慘，一旦勞工真的展現出團結力量大的毅力時，卻總是往勞工身上貼滿『自私自利』的標籤。

「這次是因為第一個颱風走得快，像我住在臺北，早上起床發現好天氣的時候，有種昨日風雨恍如隔世的感覺，但無論如何，颱風能迅速遠離，沒有造成傷害，這才是最好的結果。」

G女吃了一口起司蛋糕後接著說：「所以有人就會事後諸葛說，你看颱風影響又不大，你們這些人故意請假好自私。但問題是颱風的影響瞬息萬變，而且請假又要事先請。那天桃園晚上八點就宣布停班停課，晚上十二點左右長榮就開始湧入天災假的請假單了欸！還有啦，當晚因為天候因素，很多飛機跟機組員根本還在海外，來不及飛回來，怎麼在第二天預定時間起飛？

「在這種狀況下，航空公司其實大可提早告知旅客停飛的決定。但問題是隔天因為風雨變小，而航空公司既不想承擔颱風天提早宣布停飛的責任、又想趁機打壓勞工，所以就推說是因為太多機組人員請假的關係。

「想像一個狀況，如果隔天也還是大風大雨，假設航空公司還是推託給機組人員請假造成停飛，那些新聞還會用這種角度播報嗎？」

T女不語，兩人沉默了一會兒。

G女嘆了口氣。「面對資方還有媒體，勞工們真的應該要為爭取自己的權益，彼此團結啊！」

## 臺鐵為何要求依法休假？

年後，咖啡廳開工第一天，生意非常好，很多上班族一早就來買杯咖啡。下午三點蒂瑪小姐掛出「休息中」的牌子，讓服務生一起休息、喘口氣，服務生們在咖啡廳一角坐著，閒聊起來。

「你春節有回鄉下嗎？」A女說。

「我沒鄉下欸，我老家就在臺北。」B女搖搖頭。

「喔喔，我過年都會搭火車回臺中，所以年前看到臺鐵工會說要依法休假的消息，有點緊張。」A女回答。

「那你搭車的時候有覺得受到什麼影響嗎？」

「我還好欸，但聽我在內壢工作的朋友說，他們那裡沒有人賣票，旅客要在自動售票機買票，所以有點被影響。」

「我過年在家看新聞都在重播，也有看到新聞提到臺鐵罷工的事情，說後來有調老員工來補足人力。你那時候會不會擔心沒有火車坐呀？」C女問。

A女點了點頭。「擔心是有的，但說真的不管是依法休假還是罷工，我都支持臺鐵勞工的行動。那時候我其實抱持著若因為這樣而無法搭車也就認了的心態，大不了就改搭客運。」

「你看得好開呀，我上網看新聞，很多『臺鐵是具有公益性質的事業，怎麼能夠在大家最需要使用的時候罷工造成大家不便』這類的留言。」

「如果單純以我需要搭車返鄉的角度來看，我可以理解他們為何會這樣說。可是知道原因之後，我覺得同樣身為勞工，我沒有辦法不支持他們的選擇。我也非常不認同行政院跟交通部的回應，他們的回應，是很典型地把管理問題推給罷工勞工，讓一般乘客『感覺』無法順利搭火車是罷工所造成，進而製造大家責難罷工勞工的風向，而忽略臺鐵員工的過勞，其實是臺鐵管理局跟交通部造成的。」A女說道。

「哦？怎麼說？我其實不太清楚他們罷工的原因跟訴求是什麼。」B女問。

A女喝了一口咖啡後接著說：「他們爭取的，只是最基本的合理休假，以及應得的加班費。

「先說休假的問題。臺鐵有一半以上的員工，像是站務人員、機務人員，都是用三班制輪休。舉個例子，假設早上八點交班開始算起，第一天日班是早上八點到晚上八點，工作十二小時。隔了二十四小時之後，第二天晚上八點到第三天早上八點跨夜上班，工作十二小時。然後下次早班就是第四天早上八點，重複前面所說的循環。」

A女在餐巾紙上畫出所謂三班制的實際班表。

「你看喔，乍看之下，早班十二小時，中間休息二十四小時，接著晚班跨夜十二小時，中間再休息二十四小時，感覺好像沒那麼糟，二十四小時的休息時間看起來好像也很夠。可是我如果把這個班表畫出連續七天，你會發現，他們實際上並沒有得到完整一天的休息。然後，想像一下，他們一年三百六十五天都是這樣循環。

「像一般上班族，以正常九點上班、六點下班來計算，下班到上班中間雖然只有十四個小時。但因為起床時間固定，不固定的只有下班時間，生理時鐘的調整上不會有太大的問題，因此雖然只有十四小時，就工作天之間的休息來說，是很足夠的，再加上週休二日，即使先扣除休息日也加班的狀況，一般上班族起碼有不跨凌晨、完整一天的假期。

「但對於臺鐵員工來說，所謂二十四小時的休息，實際上都在『調時差』，因為他們兩天的上班時間不固定，都是一天上早上、下午的十二小時，一天上晚上、早上的跨夜班，等於你每兩天就要調整一次時差。」

C女瞪大了眼睛。「調時差……我記得我那時候去歐洲玩回來，調時差我就調了好幾天才恢復。工作時間不固定對身體傷害真的很大啊，更不要說是一年三百六十五天都這樣，怎麼受得了……」

「休假的部分你看到了，以這種排班狀況，再算進通勤時間來說，早班最晚要早上六點起床，晚班最晚要晚上六點起床。

「那假設今天上早班，回到家是晚上八點，梳洗完就睡，隔天早上八點來算，距離下次上班時間有十二小時，你也不太可能這十二小時都不再睡覺，一路撐到晚上八點，然後直接上班吧？所以他可能在早上八點到下午四點的這段時間處理一些家務事後，就要再去睡覺，等下午六點起床，然後再準備上班。

「也就是說，如果一個臺鐵員工要維持最好狀態，那在二十四小時的休息中，必須要分配兩次的睡覺時間。如果前面睡得太長，那上班前可能睡不著，但到了上班時間又會開始疲倦。而這兩次睡覺的入睡時間，因為早晚班交替的關係，我假設入睡時間是下班兩小時後，那等於他們三天的入睡時間，要在早上十點跟晚上十點間交替。」

A女說完，又喝了口咖啡，深深地嘆了口氣。「認真地說，我無法認同那些說進公司就要學習如何因應、不想做就滾蛋的說法，我覺得他們沒有實際理解臺鐵員工的困境。上面這個時間表，下次有長假的時候，你可以嘗試過過看。

「也真的很多人受不了就滾蛋了，所以臺鐵新進人員有三成的離職率，不是沒有原因的。你不覺得所謂公營事業，員工都要考試才能進得了的臺鐵，離職率三成是很諷刺的事情嗎？」

「真的……」B女抿了抿嘴。「我想那三成的人勢必是因為覺得改變不了，那就離職吧，但留在裡面的人的境況卻也會因為公司留不住人而越來越險惡。不想做就滾蛋的說法就個人來說也許沒錯，但這樣等於沒有人試圖去改變就業環境，環境就更沒有改善的可能。」

「再來說加班的問題，事實上臺鐵最明顯的違法是每月加班時數的部分。」A女在餐巾紙上畫了格子。

「這是臺鐵員工照我剛剛說的排班實際的工作時間，以一週七天來看，加班時間足足有十五小時。如果單純根據《勞基法》第三十條來看，每週總工作時數不能超過四十八小時，正常工作時間每週不得超過四十小時來算，等於一週最多就只能加班八小時。

「不過《勞基法》第三十二條有一個但書，它說在勞資雙方合意的狀況下，延長的工作時間，只要一個月內不超過四十六小時就好。這個意思是說，假如你某一週加班超過八小時以上，但是只要那一個月整月加班不超過四十六小時。而且資方跟勞方有談好、都接受，那即使有單週加班時數超過八小時也不違法。

「但是臺鐵的狀況，這樣的排班是一路排下去的。也就是說以四週來看，他們二十八天的總加班時數實際上是六十個小時，早就超過勞基法所說一整個月加班不超過四十六小時的規定。」

「勞資協議說得很好聽，但是站在勞工的立場，在權力不對等的狀況下，怎麼可能『不接受』？」C說道。

「跟你說，臺鐵員工的狀況更慘。臺灣鐵路產業工會成員說，臺鐵局他們主張民國七十八年開過勞資會議，只是二十五年前的卷宗已經不見了。」

B女下巴差點掉下來，忍不住說道：「這說法也太爛了吧！即使民國七十八年開過勞資會議，不等於現在不能重新協調。而且現在的新進員工，搞不好不少都是民國七十八年以後才出生。憑什麼民國七十八年的勞資協議要他們現在繼續吞？」

「而且臺北高等行政法院〈一〇三年簡上第九十三號判決〉也說明，拿不出證據的臺鐵三班制不符法規。」

「那就是法院認證違法啊！」C女激動地說。

「而這其中我覺得最荒謬也最諷刺的，是聽說臺鐵有被勞檢，但勞動部卻跟臺灣鐵路產業工會成員說臺鐵一切合法，一切只能靠勞資協議解決。然後你看這次行政院跟交通部的發言又站在臺鐵那一邊。說到這，你們知道去年中秋節的時候臺鐵工會就曾經表示中秋節要罷工嗎？」A女問。

「是喔？我完全沒印象。」B女說。

「因為那次後來沒有罷工。但這次春節會罷工，就是那次雖然有勞資協商，但結果卻沒有實際解決臺鐵員工過勞的問題。而一例一休之前，就已經知道人力不足的情況會發生，臺鐵對這個衍生的排班問題卻依舊沒有去思考如何解決，等於讓臺鐵的員工還是要繼續採用三班制。但加班費反而變更少。所以工會才會決定春節要依法放假。」A女說。

「話說回來，我其實有點搞不懂，臺鐵員工到底算不算公務員呀？因為我看到有人發言說臺鐵員工有公務員的福利，從公益角度來說不應該罷工。」B女好奇問道。

「你說的這個問題，我分兩部分來解釋。臺鐵員工的法律地位很尷尬，屬於公務員兼具勞工身分者。所有國營事業要考進去才能工作的人，都屬於這個身分。乍看之下這樣好像兩邊的福利都可以享受到，但實際上，所有公務員福利中好過勞工的部分，他們都沒有，例如公務員有進修補助，有生活津貼補助法源，有結婚、生育跟教育、喪葬補助，他們通通都沒有。然後他們雖然納入公保，但《公務人員退休法》他們不適用，又因為他們不是納入勞保，所以《勞工退休條例》他們也不適用。以退休來說，公務人員或是勞工除了一次性退休金，勞工使用勞退新制還有機會領到月退，公務人員更不用說也有不同的月退。但他們就只有一次性退休金，沒有月退。」

「那不是在福利上，他們根本爹不疼、娘不愛嗎？」B女皺了皺眉。

「是啊。加上臺鐵屬於交通運輸產業，有輪班制的需求，所以臺鐵在所有國營事業中，是待遇最差的。以工會理事長自己為例，他屬於五等，起薪三萬二。其中有三千多是營運獎金，所以本薪是二萬八，加班費一個月大概一萬多。等於一個月加上加班費大概四萬二。一個月給你這樣的薪水，做他們的工作，你願意嗎？」

「坦白說我寧可做一份領三萬二、有週休二日的工作。」C女搖搖頭。

「再來講公益角度是不是應該罷工這件事。你覺得建立在臺鐵員工休息不足且加班費也不足的公益上，是公益嗎？

「公益這種事，既然是公共利益，就應該建立在合理的基礎上，而不是踩著別人的屍體或不好的環境來建立公益，如果連國營事業都違法，那要怎麼期待一般的勞動環境能夠更好？如果連國營事業都不以身作則，又要如何去要求民間企業守法？

「如果大家都為了自己要搭火車，就覺得勞工不應該爭取自己的基本利益，那這樣是不是一般企業也可以無限上綱？

「更不要說，他們今天要的並不是額外的利益，而是很卑微的，足夠的休息，跟加班多久就拿多少加班費，如此而已。

「這就是我覺得只要是勞工，都應該支持臺鐵罷工的原因。」

# 老師導護不導護？

「你有看到那個臺中老師組成工會拒絕站導護的新聞嗎？」P男問。

「我是看到幾則評論之後才注意到這個新聞。」T女回。

「我也是。我看評論以後才知道幾個跟老師及交通指揮有關的法規。一開始看到這個新聞的時候，我的反應跟一些家長團體一樣，覺得有學生在，那老師當然就要在場。但我現在覺得，這種想法其實也很自私。」

「怎麼說呢？」

「我問你，如果有一天你的鄰居晚下班請你幫忙照顧小孩。可是如果小孩沒照顧好讓他受傷了，你可能會被這個鄰居告，那你還願意幫忙他帶小孩嗎？」

「這責任太大了！我想我不太可能輕易地答應，除非我跟那個鄰居熟到對小孩的狀況也很熟悉，知道小孩個性等等，覺得我可以掌握得了，否則我不會答應幫忙。」T女邊歪頭思考邊回答。

「因為出事要負責，所以我們自然會多做考量。對嗎？」

「是啊，畢竟答應要照顧，總是要看好人家的小朋友啊。」

「但你知道嗎？老師當導護的時候，如果有駕駛人不服從他的指揮，硬是不停車而撞到老師跟學生，造成有人傷殘，責任是在老師身上，甚至駕駛人是可以告老師的喔！」

「咦？為什麼？」T女驚訝地問。

「這部分就是我剛提到的交通法規，因為根據中華民國《道路交通管理處罰條例》的規定，只允許警察跟義交指揮交通。也就是根據法律，其實老師根本不能指揮交通，如果他去指揮交通而出意外，那責任是要自己扛下來的。」

「所以像導護媽媽、導護爸爸，如果指揮過程中出意外，也可能面臨同樣的問題嗎？」

「沒錯。以前還曾經發生過幾個案例，有老師去執行導護工作而離開教室，結果在這段時間學生因故受傷。結果老師被判業務過失。」

「這……太苛責了吧。學校要求老師去站導護，老師就勢必不可能同時在教室看顧學生。」

「所以你看，老師去站導護，一則是如果在導護的部分出事，他有被告跟要負起傷者賠償的風險，二則他在導護期間如果學生在教室出事，他又得面對業務過失的可能。在這種狀況下，老師爭取不必站導護的權利，其實是很合理的。

「而且，根據《教師法》第十六條第七項的規定：『除法令另有規定者外，教師得拒絕參與教育行政機關或學校所指派與教學無關之工作或活動。』導護是指揮交通，並不屬於教學工作的一環，老師原本就有權利拒絕。」

P男喝了一口咖啡後繼續說道：「我就在想，為什麼我一開始的反應會跟家長團體一樣？我一開始覺得老師不做導護很自私，應該要學生在哪老師就必須在哪。可是看著看著才發現，這樣的想法反映出，真正自私的，其實是我們自己。今天先撇開法律的規定，小孩的安全原本就是家長的責任。可是我們的社會已經習慣於要求老師做許多非關教學的事情，還習慣到認為這一切都是理所當然的。

「當老師終於受不了出來抗議時，我們的第一個反應，卻只想到我們自己，只想到這樣我的小孩在路上會不安全，想到老師怎麼可以這樣不顧小孩、沒有職業道德，卻忘了去思考，小孩的交通安全責任，從頭到尾其實都該是家長的責任。把自身責任丟給老師，這是家長的自私。

「但再進一步去想，為什麼家長會依賴導護老師？因為很多家長都是工時很長的上班族，他們甚至根本沒有時間去接小孩，或是只能把小孩丟在學校附近就趕去上班，導致越來越多家長依賴學校老師接下多餘的責任，來照顧小孩。

「其實我覺得家長、老師雖然各有各的立場，但整件事情，教育部的態度是最不應該的，教育部次長居然說：『老師被告比照公務員有訴訟補助。』你覺得這個問題是有沒有訴訟補助的問題嗎？」

「當然不是啊，這是責任釐清，還有我們到底要怎麼面對整個社會因為各種工時過長，造成小孩無人照顧，而變成要求、希望老師多幫忙照顧一點的問題，去說訴訟補助是在模糊焦點啊。」

「沒錯。你說到重點了，如果今天不是因為工時過長，因為學校沒錢請有資格指揮交通的人力，那為何整個環境會對導護老師有這麼大的依賴？所以要問一個更大的問題就是：面對我們的下一代，政府真的在意他們的安全嗎？還是永遠只是便宜行事地把小孩的安全，全部推諉當作是老師的責任，而不是父母、也不是政府的責任？現在家長跟老師的對抗，在我看來，其實是弱弱相殘啊！」

# 暴力教保員沒良心？

「你有看到那個幼兒園教保員打三歲小孩的新聞嗎？」A女說。

「有。」B女點點頭。「後來還傳出好幾段其他的影片，看了心情很沉重。」

「這樣打小孩，真的太過分了。」

這時候B女並不說話，只是默默地看了窗外一眼。

「你有看到影片嗎？」B女喝了口咖啡後問道。

「有啊。小朋友被打，就這樣跌坐在地上，好可憐。」A女回答。

「你有沒有注意到，影片裡面有幾個小孩？」

「嗯……至少十個以上吧。」

「一共十五個。你有同時帶過兩個以上三歲小朋友的經驗嗎？」

「誒……沒有欸。」

「我幫我親戚帶過小朋友。一個三歲，一個一歲，但每次我只能帶一個。因為我知道我一次顧不了兩個。帶小朋友其實很累，不要以為只是看著就好，任何一個正常的大人，要他同時帶十個以上的三歲小孩，都一定會抓狂。不是可能，是一定。」

這時候A女沉默不說話，定定地看著B女。

「我每次帶小朋友那天就會特別累，而且我還是在有家人互相輪流照顧的情況下。以我自己的經驗，若帶一整天，帶一個小孩至少要有兩個大人。負擔才不會過重。但，你知道為什麼一班十五個小孩，卻只有一個教保員嗎？」

「不知道欸……」A女搖搖頭。

「因為臺灣《幼兒教育及照顧法》裡面規定，每班收幼兒十五人以下，要有教保員一名。十六人以上要二名。如果你開幼稚園，最省成本的做法會是什麼？」

「一班十五個人……但這就意味著一個教保員要面對十五個小朋友了。」A女一邊說，一邊皺了皺眉頭。

B女嘆了口氣。「是啊。打小孩不對，這件事情確實是錯的。可是當我看到新聞的時候，我想的不是她怎麼那麼沒良心，而是為什麼幼稚園要讓一個教保員帶十幾個小孩？教育部介入要她免職。但這有解決最根本的問題嗎？問問我們自己，當有一天我們生小孩，我們願意付多少錢給幼稚園顧小孩？幼稚園又願意付多少錢、願意請幾位老師，讓他們好好照顧小孩？而教育部只顧免職老師，卻不去檢討整個育兒政策，不去思考在幼教機構的管理上出了什麼問題。難道免職一個老師，就能夠遏止幼稚園這種聘用一個老師照顧過多小孩的狀況嗎？當初修法規範十五個人以下只要一位教保員，又是哪些立委的主意？不是只有老師有責任而已，而是整個教育制度、法律規範都必須要去思考跟檢討啊！」

# 砸蛋不禮貌？

「你有看到那個教育部專委被砸雞蛋的新聞嗎？」W女問。

「有啊，我臉書上難得有不是同溫層的人轉貼這則新聞，但可惜大家只在意砸蛋禮不禮貌。」P男回答。

「有人說砸蛋讓這個抗議主題失焦，是豬隊友，你覺得呢？」

「我覺得要從幾個角度來討論。表面上這樣說好像沒錯，因為很多留言都只在討論砸蛋禮不禮貌，而沒有去討論他們抗議的主題。從這個角度來切入的話，說失焦是沒有錯的。但是這中間有個弔詭的地方是，如果不是因為砸蛋，這些評論不禮貌的人，他們平常根本也不在意這些學生抗爭的主題吧？」

W女點點頭。「你這讓我想到我朋友的一句話，他說：『根本沒有失焦的問題啊，因為你們從來就沒在這件事情上對焦過，沒對焦又哪裡來的失焦？』」

「是啊，這就有點像以前發生關廠工人案的事情一樣，很多人會說『你們為什麼不用和平理性的方式去反映，要那麼激進地臥軌？』可是這些人在看完新聞後的反應，只會就當下新聞報導的內容罵，卻一點都不會想要進一步思考『為什麼？他們為什麼要那麼激進？』更不會知道他們在臥軌之前已經抗爭多少年、多少次了，只會責怪『激進』本身，而不去思考『是什麼原因讓激進發生』。

「但是另外一方面，我個人確實覺得是否需要用激進的手法表達訴求，跟是否應該直接對『人』砸雞蛋，而不是只對建築物砸雞蛋這件事情，是可以被討論的。簡單來說，在情緒上我真的覺得砸雞蛋只是剛好，我們若把自己代入這個情境，想像一下：你是學校的助理，因為被分成學習型助理跟勞僱型助理，導致兩個助理做的事情一模一樣，但領到的薪水跟得到的保障卻不同，學習型助理因為不受《勞基法》工時限制，而淪為沒有保障的廉價勞工，你想抗議這件事情，於是透過各種合法管道『斯文』地在體制內努力反映這個問題，可是你得到的所有官方回應，都沒有試著去解決這個問題。四年了，你跟其他兼任助理們不知道舉辦了多少次的抗議活動，但就是吸引不到媒體跟一般人的關注，於是官方就繼續擺爛沒有想要解決這個問題。

「那，你會不會想要對著這些說混話的官員砸雞蛋呢？」

「這顆雞蛋反映的，其實是他們這幾年申訴失敗的怒氣啊。」W女嘆了口氣。

P男喝了口咖啡後接著說：「是啊。坦白說，我也不知道如果雞蛋只是往建築物砸，這次的媒體效應是不是也會有規模上的不同。單純就社會觀感說，砸建築物可能是大多數人相對比較可以接受的抗議做法。從這個角度，說砸雞蛋是豬隊友，也許，也許說得過去。

「可是如果媒體效應沒有像這次因為砸了人而有那麼多的迴響，又有多少人會開始關心這個議題呢？有個評論寫到：『觀眾只關心那顆蛋怎麼了，沒人問這場抗議在吵什麼？』但我覺得實際狀況卻是：『如果沒有那顆蛋，根本沒有媒體或觀眾會關心抗議本身的訴求。』

「我常常會覺得，人民也應該要反省。為什麼我們總是等到有人砸雞蛋、丟鞋、丟書，才來說他們不禮貌，可是討論卻也只限於禮貌不禮貌，而不是再多問一層『是什麼導致他們選擇用這樣的方式來表達訴求？』多問這一層，不是要為他們的行為開脫，你依舊可以認為他們的行動不夠周全，覺得砸雞蛋不禮貌。但能不能不要只是檢討他們的行動，不要只說砸雞蛋不禮貌，而是試著也去思考、了解他們的訴求？

「以現在的教育就學狀況下，你要如何保證未來你的孩子不會有機會去當兼任助理？如果你覺得你的孩子有可能做這樣的工作，那現在的這種勞動條件，是你希望你的孩子承受的嗎？

「多想一步吧，不要只想到砸雞蛋不禮貌就停止思考啊！」

# 一例一休不好嗎？

「你有看到一位民進黨立委說『如果反對法案，未來選舉可以不要支持民進黨』的那則新聞嗎？」Y女問。

「有啊，你也知道我住新莊，他是新莊的立委，我還投他呢，他說這種話，我看了覺得滿傻眼的。」W女搖搖頭。

「那你對民進黨一例一休提案的看法是什麼？」Y女說完喝了口咖啡。

W女沉默了幾秒後，開口說道：「這幾天很多一例一休的新聞，所以很多人都把好幾件事情混在一起談。不過在我看來，有些東西必須要切開來談。你所問的民進黨一例一休提案，我覺得可以分成兩個部分來看：一個是法案內容是什麼，另一個是怎麼讓這個法案通過，也就是立法程序和手段的部分。不過在這之前，我想先聽聽你的看法。」

「其實我贊成砍七天假作為一例一休配套欸。有些人可能會覺得勞工贊成砍七天假太奴性，但老實說，中小企業會因此增加不少的成本，如果進一步導致大量企業倒閉跟裁員，最後勞工還不是都沒有工作？這樣真的有人得利嗎？我其實不太認同『那些公司就讓他們倒』的說法，因為有些企業即使體質不好，但老闆還是很努力在可能的範圍內照顧員工。而且，臺灣大多數的就業機會是靠中小企業支撐起來的，如果因為公司成本增加，很多人因此被裁員，甚至造成中小企業倒閉，這時候責任又要算誰的？」

「你的看法就屬於我所說『法案內容』的部分。這部分我的看法跟你不同，我贊成一例一休，但是反對砍七天假，原因是我覺得這次的法案內容，對於假期相關配套的規範不夠，而不是覺得那七天一定要放假。我也贊成應儘量讓一般白領勞工跟公務員放假一致，但前提是，勞工的假期權益也要提升到跟公務員一樣好。」

「所以就法案內容的部分，你是反對民進黨的版本囉？」

「對。但是，如果最後這個法案通過了，我並不會因此堅決反對；這裡要分兩個層次來說：首先，我確實認同這次的修法跟舊法比起來是進步的，至少在法律條文上，休假日的加班費因此被明確規定下來了，中小企業不能再用假期挪移的方式迴避加班費。因此，民進黨的版本對我來說是『雖不滿意但可接受』，在現在的情勢下，我還是會支持讓這個法案先過再說。

「可是另一方面，我也贊成勞團必須要針對七天假繼續提出訴求，就像我還是會跟你說『我反對砍七天假』一樣，不能讓執政黨覺得這個法過了之後，就不用處理臺灣勞工平均工時過長的問題，被砍掉的假，必須要想其他配套來保障勞工。

「但是，一例一休整個修法過程走到現在，我覺得最有爭議的反而不是『法案內容』，而是『立法過程』的瑕疵。這點我覺得民進黨做得很糟糕。」

「你說的瑕疵，是指那時候民進黨立委用十六分鐘審過《勞基法》的事情嗎？」

「對，但不只。還有後來議事錄確認的爭議。」

「議事錄？那是什麼？」

W女在平板電腦上打開了一個App，上面寫了十月五日和十月二十七日兩個日期。

「這要從委員會開會流程說起，根據議事規則，每次開會前要先進行『議事錄確認』，議事錄就是會議紀錄，所以議事錄確認就是在確定上次的會議紀錄內容是否正確。當年引起三一八抗議的張慶忠，在三十秒內用私人麥克風宣讀服貿通過審查，後來在同年三月二十六日，議事錄在內政委員會被退回，因此該次議事錄後來被視為無效。

「民進黨這次審一例一休的法案，我覺得瑕疵有兩個部分。一個是十月五日的會議中，在沒有公開詢答與公開討論的狀況下，念完法案內容就直接送協商，這跟張慶忠三十秒通過服貿，在實質上根本是一樣的。只是，因為召委等同會議主席，對會議有一定的裁量權，還是勉強滿足了會議的相關規定，我們只能說這個部分處理得不妥，以道德角度提出『召委應該要自制』的勸告。

「但第二個瑕疵就嚴重了。十月二十七日，當時在做議事錄確認，國民黨對議事錄內容提出異議，但民進黨召委卻直接宣告不予處理，時代力量黨團也有提出抗議。事後，民進黨立委解釋說這是因為在委員會提案，要有屬於該委員會的委員三人以上連署，但時代力量只有洪慈庸是衛環委員，所以才不處理她的抗議。

「可是，這個說法已經是過度自我擴權了，根據《立法院議事規則》，提案的部分只要是透過『黨團提案』，就不受連署人的限制。而且民進黨自己在這屆內政委員會第三十次的全體委員會議中，也曾有非該委員會的委員提出『更正議事錄』的提案。那次的召委一樣是民進黨的，他們就有修正。也就是說，十月二十七日召委沒有處理更正議事錄提案的這個動作，是踐踏立法院議事規則的重大瑕疵。」

「你這樣說我才想起來，我有看到一些朋友在臉書上說：『這些程序真是無聊，重要的是讓進步的法案趕快通過吧！』」

W女聽完苦笑說道：「你知道為什麼他們會說這樣的話嗎？因為臺灣的法治教育一直

沒有確實落實。所以大部分的人都不太有『政府做事必須要依法行政』的概念。為什麼民主制度下要一再強調『程序正義』的重要性?正是為了避免政府自我擴權而造成對人民權利的侵害。法律的基本精神是:『法律沒規定的,人民就可以做。但是法律沒規定可以的,政府就不能做。』

「現在民進黨都採『內規說』,但什麼是『內規』?他們指的是立法院內的『潛規則』,可是允許政府中任何一個權力分支,讓『潛規則』凌駕於『法律』之上,這是很可怕的。

「只是啊,要看懂議題在吵什麼相對容易,要辨認出他們在議事流程裡面搞鬼是困難的,很多人還會覺得這種程序之爭很無聊、不重要。真正可怕的魔鬼,往往就藏在這些細節裡面啊!今天民進黨團可以用這樣的方式否定其他小黨提出的異議,是立下一個惡例。可是,執政的會永遠是民進黨嗎?國會裡永遠會有清楚規定並且有良心的委員,能即時在場提出異議嗎?所以,只要今天這個『特例』一開、沒有人阻止,一旦成了『慣例』,未來任何政黨執政,都可以用同樣的手段打壓其他小黨派啊!」

# 立法委員
# 給戰嗎？

## 不開會誰說了算？

「你前幾天有看到立委爆氣說『誰決定會議開到這裡的？』那段影片嗎？」T男問。

「有啊，我臉書上好多人轉貼。」C女點頭。

「我覺得有個滿有趣的現象。像我看完影片就覺得：『對啊，誰能決定不繼續開會？』可是我看到部分記者的評論，卻都只把重點放在立委將『休息』講成『休會』，開記者會抗議的時候又說成『散會』。對他們來說，好像批評小黨用詞錯誤，比去檢討莫名其妙就不開會要來得重要。」

「等等……休息、休會、散會，這三個詞有什麼不一樣的地方嗎？」C女歪著頭問。

「我一開始也搞不清楚，上網查了以後才知道。因為現在開的是院會，院會每週五跟週二的會議，算一次會議，又稱為『五二』一次會。在這中間院長只能宣布『休息』，必須要等週二會議開完，院長才能宣布『散會』。」

「我想想啊……所以雖然分週二、週五兩天開會，但是在立院紀錄上它只算一次會議。因為還算是同一次會，開會議程其實還沒有結束，所以中間只能說是休息。而散會的意思是指這次的會議議程跑完確定結束了，下次的會議就是另外一次新會議。是這個意思嗎？」

「沒錯。」T男點點頭。

「那『休會』又是什麼意思？」

「因為立法院一年有兩次的會期，法定的集會時間是每年二月至五月底及九月至十二月底，而中間沒有開會的期間，就是『休會』。」

「好吧，聽你這樣解釋完，這三者的意思確實不同。當了立委的人，應該要努力去搞懂議事規則跟用詞，這是他們該做好的基本功課。但即使是這樣，我還是覺得會議中間莫名其妙就休息這件事情，是應該被批評的，即使他用錯詞彙，不代表不開會這件事情就會是對的，它就是有問題啊！」

T男喝了一口咖啡後說道：「是啊。對人民來說，立院當天的狀況，就是原本應該開會而沒開會。所以今天不管使用哪一個詞，在一般人的理解中，就是『不開會』。

「確實就立法院內的運作來說，這三個詞的意義是不一樣的，就像法律上常常要斟酌字詞，為的是要表達不同的狀態，因此，在立法程序中，斟酌每個用詞，有其必要性。

「但這不等於一個立委用錯詞，就沒有資格批評『不開會』這件事。把詞彙定義好，跟探究問題的本質，是兩件事情，彼此並不衝突，也不該因為用錯詞彙，就連同他們提出的問題，一起當作是錯的。

「更過分的是，當時立院決定不開會的方式，居然是兩大黨自己躲在小房間裡協商出來的結果，而不是一個正式的院會程序。」

「那這不就等於民進黨雖然成為國會最大黨，卻還是延續了以前國民黨時代的『密室協商』嗎？以前人民最不爽的就是這一點！今天民進黨因此被罵，我覺得也只是剛好而已。」

「站在人民的立場，我們應該去思考的是，到底我們期待的新政治是什麼樣子？當然在這個過程裡面，為了達到更有效的監督，我們也必須要充實自己對國會運作的理解。但更重要的是，不能投完票後，就認為政治跟自己沒有關係，交給政治人物就好了。

「而是如果政治人物做出我們直覺上覺得有問題的事情，像是這次不開會的事，我們就該挺身說出來，而不是默不作聲。如果我們認為投票完就沒有自己的事了，那只代表我們其實還不懂什麼是民主啊。」

# 我們想要怎樣的立委？

「你有看到立委質詢放卡拉OK的新聞嗎？」T女問。

「有啊，你知道嗎？以前我看到這種，會覺得好笑，現在看多了以後，反而覺得很可悲。再繼續看下去，有一種憤怒。」R女說完翻了一個大白眼。

「每次看到這種立委，都會覺得我們的稅金拿來養這種廢物，心裡根本在淌血。但我搞不懂他們為什麼會突然放歌欸？」

「這要說到前陣子行政院提出的『前瞻計畫』。這次立法院要審《前瞻特別條例》，這個條例是為了拿來審查『前瞻計畫』，這個計畫涉及到很多很重大的議題，包含土地徵收等議題。因為現在《公債法》有規定每年年度舉債的額度限制，行政院希望『前瞻計畫』可以排除在《公債法》的規定之外。另外，因為這個計畫很大，所以也需要制定這個計畫的控管機制。

「在民主國家，行政單位執行任何事情，都必須要有法源依據。以『前瞻計畫』來說，行政院希望可以不受《公共債務法》限制，那就必須要另外制訂特別法來規範。所以行政院就提出《前瞻基礎建設特別條例》草案，交給立法院審查。」

「那這跟放歌又有什麼關係？」T女露出不解的表情。

「然後呢，國民黨他們想要用議事規則中的『權宜問題發言』來杯葛審查，當時會議是由民進黨擔任主席，也讓他們進行權宜問題發言了，結果，國民黨兩個立委就在上面放起歌曲來。」R女表情無奈。

「這算哪門子的權宜問題發言？」

R女嘆了口氣。「老實講，用權宜問題發言杯葛審查這件事情，本身沒有什麼問題。在民主制度下，用這類程序發言杯葛議事是很常見的手段，這是小黨或議會中的少數，用來阻擋重大、攸關公眾利益的法案被草率通過，提醒社會重視相關問題的議事手段。

「像在美國參議院，就曾經發生過用冗長發言杯葛議事，長達二十一個小時不間斷的紀錄。連續發言二十一小時，後面講的東西一定都是故意在耗時間，絕對不可能言之有物，但它卻有可能喚醒社會對該事件的關注，去進行更多深入的討論。

「所以在阻擋議事討論這件事情上，我不能說國民黨立委不能這樣做。他們訴求要退回重擬也不能說不對。我們覺得立委的表現很荒謬是一回事，但他們這樣的手法並不能說有錯，這是民主機制裡，防止立法或行政濫權下必須容忍的『無效率』。」

R女喝了口咖啡後，又接著說：

「但我覺得真正糟糕的地方在於，使用這種不得已的手段，除了消耗時間外，並未言之有物地喚醒社會注意力，而當後來主席宣布停止『權宜問題發言』，請議事人員開始宣讀條文要逐條審查時，國民黨的立委突然扛起桌子衝向主席臺，改用肢體暴力阻擋議事。

「今天法案已經一讀後送到委員會，走到這個進度，就是要讓立委在委員會好好地討論細節，看有什麼需要修正或增加的，不是說行政院送了什麼版本過來，委員會就一定要照著通過。所以，對於該法案有任何質疑，不是正應該利用這個機會好好發言，讓社會理解自身的訴求？

「而且行政院的版本在三月底一讀通過後，中間也歷經了六次的公聽會，國民黨自己四月二十一日也提出自家黨團的版本，並且一起通過一讀，在這個時候，應該要爭取的是要求他們的提案可以併案審查，或是指出行政院版本中是否有不當、需要刪減的地方。但他們的表現除了荒腔走板，完全沒有告訴大家他們為什麼非這樣做不可。

「然後就在一片混亂中，民進黨主席也莫名其妙地無視國民黨有提出異議，逐條把法案念過就過了。」

「這樣聽起來民進黨的做法也很糟糕？」T女皺了眉頭。

「很糟啊，國民黨亂是他的事，但你民進黨還是要照議事規則走啊！更不要說現場國民黨立委雖然在鬧，但他們還是有喊『有異議』，民進黨立委居然完全無視，就一直說『通過』。當年張慶忠用半分鐘通過服貿，多少人憤怒，才引發三一八的抗爭，現在邱議瑩用一分鐘宣布通過前瞻計畫，這樣的行為不就擺明不管行政院送什麼提案，民進黨立委一定護航到底，完全沒有想要仔細討論、謹守立法權職責的意思嗎？

「今天不是說執政的是民進黨，立法院又剛好民進黨是多數，就代表行政院送來的所有法案立法院一定要買單欸！在民主國家，行政跟立法兩種權力原本就是被設計來一個執行、一個監督執行，即使立法機關最大黨與執政黨為同一政黨，也不能背書到這個地步。

「而若真想要動用這種執政優勢，那更讓我生氣的是，《公投法》躺在立法院多久了？人民讓你完全執政，不就是希望處理這樣重大的議題？結果反而因為法案內容提到主權與國土是否適用公投，牽扯到跟中國之間的敏感關係，放著冷凍不審，然後有爭議的《前瞻基礎建設特別條例》草案，卻可以在委員會這樣隨便讀一讀就過了。所以有民團說『威權復辟、獨裁再現』，坦白說一點都不為過。」R女說完，用叉子切下一口起司蛋糕，送入口中。

「關於牽扯到與中國之間的敏感議題，又讓我想到李明哲被抓的事。這件事情在立法院有什麼討論嗎？」T女問。

「我也不能說沒有啦，確實民進黨與時代力量兩黨都有立委針對這件事情質詢陸委會的官員，但是呢，問這些官員到底在這件事情上做了什麼，他們回答的東西卻全部是民間團體在做的事。」

「那不是文不對題嗎……」

R女聳聳肩，「是文不對題啊，而我的感覺是民進黨立法委員大概覺得這樣就可以交代一下，但其實行政部門根本沒有好好地面對這件事。」

T女嘆了氣。「唉！聽你這樣說，我一方面覺得立法院還真精彩，一方面又覺得很無奈，我們真的必須好好注意立法院平時都在做什麼，不只是為了監督重大法案，也是為了看好我們的稅金是怎麼被使用的。」

# 大法官是比較大的法官嗎？

「三民主義是哪三個主義啊？」A女問。

「民族主義、民權主義、民生主義啊，怎麼突然問這個？」B女回答，臉上掛著疑惑的表情。

「前幾天看新聞，立委質詢大法官人選，結果有個國民黨立委說是民有、民治、民享，好像跟我以前念書的時候讀的不一樣……喂喂喂，C小姐你噴到我了啦！」

「對不起對不起……」C女趕緊把衛生紙遞給A，一邊幫忙擦拭桌上破口噴出的咖啡。

B女一邊大笑一邊說：「你說那個喔，我想起來了，還有很多很好笑的啊！像是有好幾個立委要大法官被提名人唱國歌的。我問你們，你們覺得大法官會不會唱國歌重要嗎？」

「誒，我覺得在回答這個問題以前，應該要先問大法官是做什麼的吧？」C歪著頭說道。

「好問題，那你們覺得大法官是做什麼的？」

「認真想想，我還真不知道大法官是做什麼的，他是比較大的法官嗎？」A問道。

「這就要再問一個問題，所謂『比較大』是指什麼？雖然在字面上，大法官跟法官只差了一個字，但在法律上所規範的職權，兩者卻是完全不同。我們一般人對法官比較熟悉，就是打官司的時候負責最後判決的人。那法官是依照什麼做判決？」

「嗯……事證、人證？」

「如果沒有任何法律規範，例如《民法》、《刑法》，只有事證、人證，法官可以依照自己的喜好做出判決嗎？」B繼續問。

「對欸，那就有好幾個層次。要先有規則，就是我們說的法律。然後有法官，拿到事證、人證後，再根據法律去做裁決。」A若有所思。

「對，所以針對一般的法律案件，是由法官來處理的。那法律由誰制定？」

「立法委員吧？」C女說。

「對，這是分權的概念。在民主國家，行政、立法、司法三個職權是切開的，這樣才能彼此制衡，降低國家機器球員兼裁判的可能，避免國家權力無限擴大。前幾天立院審查大法官被提名人時，有一個親民黨立委問：『博愛座是否該存廢？』結果那個被提名人回說：『大法官不是萬應公，不是什麼人來拜來問都該回答。』你們覺得這個委員的提問有沒有哪裡怪怪的？」

「雖然我現在還不知道大法官跟法官的差異，不過就分權的概念來說，『博愛座是否該存廢』會牽涉到的是要怎麼立法。那這個問題就算要討論，也應該是立法院自己去提案才來討論，這聽起來也不是大法官說要廢不廢就可以決定的。

「而且那一天的會議目的應該是在『審查大法官被提名人』，那應該要就大法官的資歷是否適合去做討論吧？該問的也應該是大法官對於自己的職權是否熟悉這類的問題。」

「當然這些被提名人可以有他自己對於這些議題的看法，可是他們個人的看法跟審查他們適不適合當大法官，這是兩回事吧？」C女回答。

「你說得沒錯，那個立法委員的行為，其實就有一點像是在一間公司裡面，行銷部跑去研發部問他們對行銷策略有什麼看法，而且如果研發部認真回答了，行銷部還要研發部對自己的回答負起責任一樣。但行銷策略怎麼做，明明就是行銷部的責任吧？

「我覺得那個被提名人回答得很好，他說：『我只能就大法官職權範圍之內的事情回答，其他議題我當然有想法，也很想講，但這個場合不適合。』

「拉回來說，大法官是指『司法大法官』，《憲法》裡面規定了大法官的職權是『解釋憲法，並有統一解釋法律及命令之權』。」

「咦？所以聽起來大法官的職權其實是『解釋所有法律』囉？」A女問。

「沒錯。法律跟《憲法》的制定是立法院的職責，而行政命令是由行政單位依照實際業務需要而制定的。概括來說，他們都屬於『法』，但是這麼多的法，彼此之間會不會有衝突？如果有，那要由誰來判斷要依據哪一條法？這個就是司法大法官要做的事。而這其中最重要的職責，但也是我們一般比較無感的，其實就是解釋《憲法》的部分。要注意喔，解釋《憲法》是大法官的職責，但修憲不是，修憲是立法委員的職責。所以，那天也有立法委員詢問被提名人針對修憲的立場。你看這是不是又像『行銷部跑去問研發部對行銷的看法』的感覺一樣？

「我不能說立法委員不能這樣問，如果今天這個場合是針對修憲的公聽會，這樣問是沒有問題的。可是這個會議的目的是在審查大法官資格，而修憲不是大法官的職權，如果被提名人回答說他贊成修憲，結果立法委員反而把被提名人個人意見引申成『他贊成修憲，那他當大法官會造成修憲』，這不是莫名其妙嗎？

「可是如果一般民眾對於大法官、司法院、立法院的職責不了解，是不是也會很容易被引導往這樣的方向去想？」

「這樣聽下來，那天立法委員的質詢，很多真的是『搞不清楚狀況』欸！」A女說。

「你們覺得立法委員為什麼會『搞不清楚狀況』？」B女問道。

「嗯……坦白說，你這樣解釋，我才比較清楚大法官的職權。然後也才看懂立法委員在這次質詢過程中哪裡有問題。可是在你還沒解釋以前，我只會覺得三民主義講錯很好笑，覺得被提名人說會走音不唱國歌的回答很逗趣。卻不太會進一步去想這些立委在一個審查大法官的場合，問這個問題適不適當。

「可是新聞之所以會寫出來，也是因為他們問了這些其實根本不適當的問題。假如他們真的很認真地問對的問題，我猜整個質詢就會很無聊，也根本就不會有這麼多新聞吧？」C女緩緩地說道。

大家瞬間陷入沉默中。

B女喝了一口咖啡後開口說道：「站在立委的立場去思考，立委如果問職權，民眾又看不懂，沒有哏新聞也不會想寫。他問唱國歌這種意識型態的問題，就有很大的機會可以上媒體，反正民眾不懂職權，那當然是以能上媒體曝光比較重要。我認為那些立委大概就是這樣想的。我甚至覺得他們其實不是不懂，而是故意這樣問。

「可是這就意味著，立委之所以會這樣做，就是因為賭民眾不懂。那民眾為什麼不懂？因為我們的公民教育從來就只是拿來考試，我們從來就沒有認真覺得公民教育很重要。

「民主從來就不是天上掉下來的禮物，民主的過程從來就不輕鬆。民主要靠的是大家一起提升自己對政治的參與及識別能力，才能維持，才能長久。立委這樣質詢大法官人選，是一種悲哀，那，我們有沒有看到自己不懂政治的悲哀？」

## 誰能決定你看什麼？

「你上個禮拜有看正晶嗎？有吳宗憲跟馮光遠一起上去的那一集。」男子C說。

「有啊，但我看完老實說滿失望的。」男子P回應。

「怎麼說？我覺得滿精彩的啊！」

「我問你，你看完之後，有了解臺灣電視圈為什麼做不出好節目嗎？」

「不就是因為沒錢嗎？」

「為什麼沒錢？」

「這點我倒沒想過。是因為電視頻道太多，瓜分了廣告收入嗎？」C搖了搖頭。

「那只是表面而已。先問個跟這沒有關係的問題，你常去光華商場買電腦零件對吧？」

P問完喝了口咖啡。

「對啊。」

「然後我有聽你說過，光華商場有很多的攤位，表面上看起來是不同家，但其實上頭的老闆都是同一個人。」

「是這樣沒錯，所以不知道的人會以為有很多選擇，但其實對上頭老闆來說，就是錢從左口袋還是右口袋進來的差別而已。」

「你看喔，賣電腦影響的也不過就只是那些會去這些通路買電腦的人而已，可是同樣的情況發生在電視圈的時候，影響的就是所有會看電視的人的權益了。」

「等等，你的意思是說表面上看起來我們有一百多個頻道可以選，選擇權好像很多。但實際上掌握這一百多個頻道的那個更上面的業者，其實只有少數幾家的意思嗎？」C恍然大悟似的。

「果然一點就通，你說得沒錯。」P點點頭。

「可以再說得更詳細一點嗎？」

「我先問你，你要怎麼樣才能看到第四臺的這些頻道？」

「要繳錢給經營第四臺的廠商，廠商牽線才能看，不然一般就只能看無線電視的固定那幾臺。」

「我們稱經營第四臺的廠商叫做電視系統業者。然後我們看到這麼多頻道，他們是電視臺，也是節目製作商。所以假設今天有一個新的電視臺，希望讓你有機會看到它的內容，是不是必須要跟系統業者談好合約，希望系統業者可以把新的電視臺納入播放頻道中？」

「對，這聽起來就有點像我們去頂好買泡麵，頂好是通路，而泡麵是商品。商品需要在通路曝光，消費者在通路看到這個商品才有辦法購買。如果商品不去跟既有通路談上架，那除非商品生產商有辦法有自己的通路，不然就沒辦法賣。」C說道。

「沒錯。」P點點頭。「你知道那時候黎智英為什麼要將壹電視轉手嗎？原因就在這裡！他願意拿出資本培育人才，可是卻因為進不了多數家庭的收視範圍，資金耗盡以至於被迫轉手。而過去，像是衛視跟ESPN等頻道，都曾經差點退出臺灣市場。」

「為什麼會有這樣的狀況？國外不也是由頻道商去找系統業者上架，然後才讓民眾可以看到電視節目嗎？」

「對，但是在臺灣，表面上好像每個縣市都有自己區域的系統商，不過實際上全臺灣大部分的系統，都掌握在五家財團業者手上，占了將近四分之三的市場。而在臺灣，頻道要上系統播放也不是直接跟系統商爭取上架，而是透過一種全世界只有臺灣才有的『頻道代理商』做仲介。一個頻道是否能上系統播放，要看是否有頻道代理商願意仲介，但最有問題的，也不僅是頻道代理商，其實，這些頻道代理商大部分都是由系統業者自己轉投資的。所以，現實的情況是，這些系統業者各自拿著自己代理的頻道，互相要求彼此要一次買下旗下代理的頻道，不買的話，就以把所有頻道都抽走作為要脅。」

「這個部分無法可管嗎？這樣聽起來等於五大系統業者一起壟斷了頻道上架的權力，對頻道業者很吃虧，新業者要進入電視臺系統播送，感覺變得很困難。」C問道。

「沒辦法，因為頻道代理商不在NCC的管轄範圍，你看，有可以控制頻道上、下架的權力，卻可以不被法律管理，很荒謬吧？」P聳聳肩。「像壹電視當初的狀況，就是他好不容易拿到了電視臺執照之後，卻被系統業者集體壟斷、不給上架，電視臺不能上架的結果，就是無法有廣告收入，最後只能以賣給年代收場。」

P吃了口鬆餅後又繼續說道：「另外，你每月付的五百多元有線電視費用，有超過三分之二是進到系統業者的口袋。只有不到三分之一會給頻道。而這不到三分之一的錢，又要再分配給二十至三十個頻道，等於每個頻道分到的錢又更少。」

「所以，臺灣在電視系統業者壟斷了播放通路的狀況下，可以坐收消費者每月支付的固定費用，卻不用負責製作節目，但實際要製作節目的頻道商，卻拿不到足夠的錢製作好節目。」C講完後，若有所思。

「沒錯，你太聰明了。只要這樣的獲利模式沒有被打破，臺灣的電視圈就很難持續生產出好節目。這就像臺灣很多中小企業投入房地產炒作一樣，當房地產這麼容易獲利，還有誰要把錢投入創新研發呢？這些電視系統業者也是一樣！表面上好像是因為電視臺太多、過度競爭的結果，但實際上，卻是因為被電視系統業者壟斷，造成根本沒有競爭。當錢都流向電視播放平臺，而非內容製作者，那自然就無法做出好的電視節目。

「但真正導致這個現況的，卻是政府立法機關的不作為，以及行政單位管理的怠惰。不管是哪一黨的立委，有很多人都跟這些掌握電視系統商的財團有利益交換，導致最重要的法源《廣電三法》從一九九九年之後就沒有大修過，而明明有這麼明顯的壟斷現象，公平會卻不介入調查。最後犧牲的，還是電視節目的品質，以及我們觀看電視的權利。可是我們真的在意嗎？只有當我們試著從表面往裡去看到更深層的結構問題，試著去思考我們該怎麼從法規、從制度去做改進，我們才能真的拿回我們該有的權利，而不是讓我們的權利在政治人物與財團的交換中被犧牲了。」

# 警察該聽誰的？

一對情侶進到咖啡廳，點了晚餐之後，就聊了起來。

「你有去跟歪腰郵筒拍照嗎？」T女問。

「沒有欸，我曾經很想去拍，但後來看到新聞說大家為了拍照排隊，又有點覺得排隊拍也太瘋了。雖然我還是會想去拍，但我也不想為了拍照去排隊，所以之後有時間再說吧。」P男說道。

「我覺得這滿諷刺的，網路上有人畫一則漫畫，說郵筒歪頭大家願意排隊拍照，樹倒了卻忙著怪罪清潔人員為什麼不趕快把樹清掉。」

「我有看到那一篇漫畫。我還有看到另外一則漫畫，在說為什麼臺灣行道樹這麼容易倒，其實跟我們怎麼種樹有很大的關係。我有個感覺，我們太習慣看問題都只看表面，結果都沒有去想過系統性的問題。比如說，我最近在針對前陣子一則新聞找資料，感觸就很深。」

「什麼新聞？」

「就是七月二十三日，學生闖入教育部的時候，警察抓人，連同三位記者都一起被抓的事情。當時記者被抓之後，柯P的處理方式很不好，他說他不會處罰張奇文，被大家罵到臭頭。」

「我也覺得記者被抓很扯。」T女點點頭。

「我覺得奇怪的是，為什麼這麼明顯侵害新聞自由的事情，他會說他不處罰張奇文。過了幾天之後，我就看到一篇文章，交代了那天整件事情的來龍去脈，才理解當時市長為什麼那樣處理，但因為那篇文章提了一些東西，我不是很懂，我就去多查了一些資料，發現我們真的有很多制度上的問題，應該要被好好檢討。」P男說完皺了皺眉頭。

「制度問題？怎麼說？」

「先從那篇文章的內容講起吧，當中提到，其實那天下令要張奇文逮捕進入教育部的學生、媒體記者的人，是北檢檢察官。這就是為什麼柯文哲會強調不是他下令的。然後我就覺得奇怪，檢察官有下令警察逮捕學生的權限嗎？」

「我還真沒想過這個問題。」

「結果以現有法規來說，確實有這方面的規範，平常的狀況是需要以書面指示，但也有寫說必要時可以使用電話。不過有問題的地方，在於那個檢察官為了要求警察去抓學生跟記者，還特別跟警察強調『不得縱放』，這中間就有很大的玄機。」

「讓我猜猜看……該不會跟法條有關係吧？」

「沒錯，《刑法》有一條『公務員縱放罪』，我發現這中間有很大的文字遊戲空間，我開一下法條文字給你看看。」

這時候餐點送上來了，P男一邊用手機找著法條，T女則幫兩個人把空杯子斟滿水。

「你看。」P男把手機拿給T女，螢幕上顯示：「依據《刑法》第一六三條規定，公務員縱放職務上依法逮捕拘禁之人或便利其脫逃者，處一年以上七年以下有期徒刑；因過失致前項之人脫逃者，處六月以下有期徒刑、拘役或三百元以下罰金。」

「我每次看到這種就頭昏，寫得好文謅謅。」T女翻了翻白眼。

「是啊，但魔鬼就在細節裡面。你看，開頭寫的是『公務員縱放職務上依法逮捕拘禁之人或便利其脫逃者』。所以這條法律，如果單純照字面意思上看，是指說已經被逮捕拘禁之人，又被縱放的意思。那我就在想，可是當時學生還沒有被逮捕，不是嗎？」

「哦……我懂你的意思了，所以檢察官用『公務員縱放罪』要警察去執行他的要求，但這項行動在邏輯上會有問題。當時學生根本還沒被依法逮捕，那又何來縱放？就算警察不逮捕學生，檢察官真的要依這條起訴警察，恐怕也是會有問題吧？」

「對，法律實務上是不是這樣解釋，我不太確定，至少我是這樣想的。但總之當時警察也就被呼嚨過去，所以張奇文就只好依檢察官命令辦事。但這中間又有一個問題，就是檢察官下令連記者都要抓，警察卻沒意識到這會觸犯《憲法》保障的新聞自由。」

「我們的《憲法》有明文規定保障新聞自由嗎？」

「好問題，我特別去查了法規，其實《憲法》裡面沒有直接寫到『新聞自由』，但是《憲法》第十一條關於出版自由的部分，曾經經過大法官釋憲，也就是大法官有解釋過這條《憲法》條文，表示新聞自由也適用於《憲法》第十一條。屬於被保障的自由之一。」

「我怎麼覺得這樣聽起來，是警察對於法律也不是很有概念，似乎跟我們一般人的程度差不多？」

「沒錯，你不覺得很諷刺嗎？今天不是說警察要專精法律到像一個專業律師的程度，可是，當他聽到上面要求自己連記者都要抓的時候，總該對《憲法》保障的自由項目要有一點敏感度。很顯然的，他們沒有這樣的敏感度。另外一個制度上的大問題是，今天北檢檢察官下了一個違反《憲法》的逮捕命令，事後卻完全不會受到任何裁罰，在我們的司法體系裡面，他完全不用對這種命令負責，也完全不會因此被認為是不適任或淘汰。」P男說完，吃了一大口義大利麵。

「問一下喔，檢察官算是代表國家在偵查犯人對嗎？」T女問。

「沒錯啊。」P男點點頭。

「那這樣想起來真的很可怕欸，當然檢察官是必須存在的角色，可是如果一個檢察官用錯誤的方法、做出錯誤的指示，事後人民卻完全不知道他是誰，而他也不用負任何責任，那誰來為錯誤跟人民權利被侵害負責？更可怕的是，萬一這樣的司法官，又傾向特定或單一政黨的話……」

「就會很容易變成政治迫害的工具！而且你有沒有發現一件很奇怪的事情，檢察官可以指揮警察，市長也可以指揮警察，那兩者如果剛好有衝突的時候要怎麼辦？警察要聽誰的？」

「對啊，以這件事情來說，柯P只能說命令不是他下的，但事情是發生在臺北市，那到底這個責任歸屬要算誰？」

「我也不知道。就我查到的資料來看，過去這種中央跟地方在警察權上產生的衝突，其實也已經不是第一次了，而我們現在的制度、法律、行政法，對這個部分其實也都沒有相關的規範跟釐清，就這樣擺著。」

「因為我們一般人民不會懂這種東西呀，如果又沒有人發現問題，或是想去推立法，就等於放著爛。放著爛的結果就是每過一段時間就會又發生一次，永遠沒辦法真的解決問題。」

「反過來說，因為一般人民不懂，即使有些修法，民間團體喊得聲嘶力竭，一般民眾卻覺得跟自己沒有直接關係而不想關心，所以立法委員也不會因為有人民的壓力而去推這方面的修法，那對於作秀就能當選的立委來說，他們當然不會花費力氣在這種事情上。所以你看，選什麼立法委員是不是很重要？」

「當個公民，真的要努力搞懂很多東西啊……」T女嘆了口氣。

# 法律的存在是為了保護誰？

## 法治與程序正義

「你還記得前陣子臺北市長說希望用監視器取締違規停車的新聞嗎？」A男問完，喝了一口咖啡。

「有啊，這個例子在法界跟鄉民間掀起很大的討論。」B男回應。

「對呀，然後那個時候臺北市長說高速公路也是用攝影機抓超速，為什麼不去講那個。我覺得好像還滿有道理的啊！所以我真的搞不清楚法界為什麼會反對用監視器取締違規停車。」A男歪著頭說。

「你自己本身贊成用監視器取締違規停車嗎？」

「如果可以讓違規減少，我覺得好像沒有什麼好不贊成的呀！」

「為什麼法界會反對，就要先從法律的角度來看這件事情。在《道路交通管理處罰條例》中有提到，如果要開罰單，必須是交通警察，或是依法執行交通稽查的人員才有開罰單的權限。」

「也就是法律上沒有被賦予權限的人，是不可以隨意開罰單的，對嗎？」

「是的，所以像議員、立委雖然是政府人員，但他並沒有開單的權限。然後像民眾可以提供證據檢舉違規，這個也是在法律上有規定可以這樣做。這裡要注意到的是，這個規定是指民眾可以提供舉發證據，而實際開單的還是法定的執法人員。」

「所以像現在電視上有時會播行車記錄器拍到誰違規，這個是可以拿來作為警察開單的證據使用囉？」

「對，警察之所以可以拿這個來開單，也是因為法律上有規定民眾可以向公路主管或警察機關提供證據。而這些單位要是查明證據屬實則可以舉發違規。我會一直強調法律規定，是因為在法治國家，政府要執行勤務，一定都要於法有據。不能夠法律沒有這樣規定，而政府卻要這樣做。」

B男講到於法有據時，特別放慢了速度。他喝了口咖啡後又繼續說話。

「而警察開罰單，可以細分成兩種，一種稱為『當場舉發』，例如闖紅燈被攔下來，直接開罰單要你現場簽名。另外一種稱為『逕行舉發』，就是不是當場開單，而是利用書信文件舉發的，例如車子停在紅線被拖吊、超速被照相。這裡要注意的是，不管是『當場舉發』，還是『逕行舉發』，舉發的單位指的都是政府機關，一般人民只能『檢舉違法』，但不能『舉發』。舉發白話講就是指開罰單的意思。」

「那既然車子停在紅線被拖吊跟超速被照相同樣是『逕行舉發』，為什超速就可以用攝影機拍照開罰單，停在紅線被拖吊的就不行？」A男不解。

「因為在《道路交通管理處罰條例》有條列哪些狀況可以『逕行舉發』，而『逕行舉發』有一個大前提，就是要『當場不能或不宜攔截製單舉發』。以超速來說，他已經超速了，除非警車追上去，不然不可能攔截。若因為警車跟不上而攔截失敗也就沒辦法『當場舉發』，況且這種追車攔截的行為也可能造成更大的用路風險，所以這個部分，是符合『逕行舉發』的前提，可以用架監視器拍照的方式來輔助開罰。」

B男攪拌了一下咖啡，頓了頓，又繼續說道。

「但針對違規停車，法律上的規定是針對『違規停車而駕駛人不在場』。也就是針對違規停車，除了要符合『當場不能或不宜攔截製單舉發』的條件之外，還必須要證明『駕駛人不在場』，才能夠『逕行舉發』。我們來設想一下停紅線的狀況，車子一定是停在路邊，不會是在行駛狀態。那政府機關要怎麼證明這個狀況是當場不能或不宜攔截的呢？又如果警察不在現場，他要怎麼證明駕駛人是不在現場的？」

「如果監視器可以錄影，不就可以證明不在現場嗎？」

「對，但是『逕行舉發』的前提是要先符合『當場不能或不宜舉發』的條件。這個條件要先成立，警察單位才可以執行『逕行舉發』，也才可以進行你說的監視器錄影。也就是說，除非市政府可以提出足以說明當下的狀況是不能或不宜攔截的說詞，不然市政府就不可以用監視器錄影的方式來開單。」

「但若是一般民眾自行錄影蒐證有違規停車的狀況，再把證據提供給警察機關取締開單，這是可以的？」

「對，你也許會覺得這樣很矛盾，為什麼民眾錄影可以，政府來做卻處處受限。但是你要知道，政府跟民眾在權力上原本就是一個不對等的狀態。同樣的事情由人民做，跟由政府做，意義是不同的。

「我們也必須再進一步自問，若今天允許政府用監視器來抓違規停車，將來若有官員想利用監視器來監控人民的所有行為，那我們要以何種標準來拒絕呢？是不是只要政府有提出一個合理的、看似能增進社會安全的理由，人民就要接受呢？威權時代所有對人民的限制，不都是以國家安定和社會安全為名嗎？當我們允許一個權力不受限制的政府存在，最終它就一定會回頭危害人民的基本權利。」

「感覺法律規定好繞口，好像都在玩文字遊戲喔。」

「會有這樣的感覺很正常，但講這麼多，要闡述的主要精神還是：在法治國家，只要是政府機關要執行的業務，都必須要遵守法律。法律有規定的，政府才能這樣做。而法律沒有規定的，就一定要先透過立法程序立法規範。而不是政府說要做就去做，因為這樣最後會淪於人治，就不是法治了。所以為什麼那時候市長提出這個想法，他有幕僚就說如果要這樣做，必須要先修法，原因就在這。」

B男嘆了口氣。「當然我知道很多人會贊成，有一些是因為他們相信市長的人格不會亂用法律。但是我們應該要反過來思考，如果今天的市長不是現在的這個人，是當初落選的那個候選人，你還是會贊成他用監視器錄影的方式來檢舉違規停車嗎？其實不管你贊成不贊成這樣的做法，在現在的法源依據下，就是不能夠這樣做。要做，就是必須要先修法，也不能夠說人民都贊成、市長說要做就做。

「而這也是程序正義的一環，就是在民主法治國家中，政府執行任何職務，都必須要符合程序正義，必須要符合正當程序，這才是法治的精神。這是我們在民主法治國家裡面，必須要有的認知。」

# 檢察官為何槓上法務部長？

這天咖啡館休息，蒂瑪跑去宜蘭找莉格。颱風剛過，宜蘭的天氣悶悶的。

「我最近看到一則新聞，但裡面牽涉到好多政府單位，有點摸不著頭緒。」蒂瑪一邊吃著小餅乾一邊說著。

「哪一則新聞呀？」莉格從廚房端出花茶，一邊問。

「就是有一個檢察官蔡啟文，他認為法務部對檢察官的人事圈選權屬於違法，向臺北高等行政法院申請假處分的新聞。」

「哦，你說那件事啊……」

「這裡面提到有一個單位叫做『檢審會』，然後八卦版有人貼了一篇文章，講『檢審會』的始末，但我還是沒有很了解這件事情的癥結點在哪裡。」蒂瑪用手機打開了文章給莉格看。

莉格讀完後，拿了張白紙，「有些關係圖我用畫的比較清楚，我邊畫邊說。」

莉格在白紙上畫了一個框框，上面寫著：檢審會，十七人，含法務部長指派代表四人、檢察總長一人、檢察總長代表三人、全體檢察官選出的九名代表。

「我把問題縮小在原本你說的新聞，也就是檢察官蔡啟文提假處分的事情。這來由是這樣：在《法官法》裡面有明文規定，誰出任檢察長，要由檢審會提出兩倍人選，由法務部長圈選。而檢察官的部分，則是由檢審會決議檢察官的獎懲事項，報請法務部長核定後公告。」

「等一下，檢察官跟檢察長有什麼不同？」

「檢察長就是每間檢察署的最高首長，檢察署有分地方檢察署和高等檢察署。每間檢察署都有一個檢察長，最高檢察署則有一個檢察總長及多個檢察長。」

「地方檢察署跟高等檢察署之間有主從關係嗎？」

「沒有。但所有檢察長、檢察官都歸檢察總長管理。」

「所以假設以企業的職務做類比。有點像是一間大公司跟他的子公司，檢察總長就像是這間大公司的CEO。檢察長等於是總公司各單位最高的頭，或是其他子公司的頭，然後檢察官就是基層職員。」

「對，類似這樣的階層關係。也就是說呢，原本《法官法》裡面的規定，只有說法務部長可以圈選檢察長。而檢察官的部分，法務部長的權限只有核定檢審會提出的決議。也就是檢察官本身的人事要怎麼安排，是由檢審會討論決議出一個結論，法務部長只是核定這個結論然後公告。」

莉格在紙上寫著：母法——《法官法》：規定法務部長可圈選檢察長人選、及對檢察官調升進行核定與公告。

「但是，法務部卻弄了一紙行政命令，叫做《法務部檢察官人事審議委員會審議規則》，在這個規則裡面寫說：檢察官的調升，要由檢審會提出一．五倍的人選供法務部長圈選。」

莉格又在紙上寫下：子法——《法務部檢察官人事審議委員會審議規則》；規定法務部長可圈選檢察官的調任。

「等一下，那這個規定是不是跟《法官法》原本的規定衝突？因為《法官法》針對檢察官的調任部分，規定是說法務部長只能核定檢審會提出的決議，它並沒有說法務部長可以自己圈選誰來調任。如果法務部長可以自己圈選檢察官，那不就等於所有檢察官的人事任命，都掌控在法務部長手上？」蒂瑪問。

「沒錯，在法律的階層上，《法官法》是法律層次，屬於母法，而《法務部檢察官人事審議委員會審議規則》是行政命令，屬於子法。所以這個案子，有子法逾越母法的問題。」

「什麼是逾越母法？」

「在民主國家所強調的法治，是除了一般人民要守法，更強調政府也要守法。也就是不管政府還是國家，都不能凌駕在法律之上。而在民主憲政國家中，法的層次有三層，分別是憲法高於法律高於命令。而比較後面的如果跟前者牴觸，該法可以視為無效。這種子法牴觸母法原有規定的情況，就稱為逾越母法。」

「像這個案子，簡單來說是法務部頒訂的行政命令，內容跟原本的《法官法》有所牴觸，因此有檢察官跳出來表示這樣是違法的，所以要求假處分。」蒂瑪若有所思地說著。

「沒有錯。所以問題的癥結點不在於法務部說什麼這沒有侵害到蔡啟文的權利，所以他無權提訴訟，而是這個行政命令逾越了母法，也就是行政命令本身就違法了，亦即法務部自己帶頭違法。然後，如果我們暫且先抽離法律層面。你想想看，法務部是隸屬於誰？」

「屬於行政院呀。」

「那行政院長是由誰指派？」

「總統指派，而且不需要經過國會同意。」

「也就是行政單位可以說是『總統指派、一脈相傳』，然後你再看看檢審會的組成成員裡面，有法務部長指派的代表四個，而檢察官則選出九名代表。這等於法務部長可以透過他指派的四個代表，把他想要的口袋名單塞進去，若真的照這個新的行政命令，所有檢察官的選任都可以由法務部長來圈選，那代表包含這九個檢察官代表的升遷調任，也都是掌握在法務部長手上，那他們也就很難去違抗法務部指派代表提出的名單，這在根本上架空了檢審會的人事權，檢審會等於只是橡皮圖章，失去了獨立運作的權力。但，檢察官代表的是國家查案的權力，你覺得這樣的情況下，檢察官辦案還能夠維持司法的獨立性，而不受政治力的影響嗎？」

# 反歧視立法好嗎？

「這幾天看到新聞在播報，有個自稱公民記者的人，跑去公園找了一個有口音的老榮民，問了一些問題後就罵他是中國難民，要他滾回去。我後來上網看了一下那部影片，覺得真的很誇張。」A女說。

「這件事情在社群也有很多人討論。但坦白說從我小時候聽到的故事，像是早期國民政府來臺後，臺灣人要考公務人員，當時開放給所謂臺灣本省人的名額很少，大多數名額卻開放給當時在臺灣人口相對少數的中國外省人，造成公務人員分配不均的現象非常嚴重。

「以一九五〇年為例，那時候本省籍錄取名額只占本省總人數百分之〇・〇六一，而外省籍錄取名額占當時在臺灣的外省人口百分之〇・五二六，相差有九倍以上。這不只是「維基百科」上的數字，當時外省人在公務單位欺負本省人的故事，我從我媽那裡也聽過不少。網路上也看過有人寫，他爸爸是外省人，他媽媽是本省人，他從小就看過外省人如何在言語上辱罵本省人，這類的言語霸凌，從家庭到醫院，他都看過。

「所以我的感覺是，現在有社群網路以後，我們才有機會透過影音真的看到這些事的其中一小部分，但這類外省人欺負本省人、或是本省人欺負外省人的事情，其實一直都在臺灣發生。只是也許對很多人來說，他們沒有機會直接看到，就不相信有這些事。」B女說完，喝了一口咖啡。

「那你覺得那個公民記者這樣做適當嗎？」

「當然不適當呀。我前面舉的例子不是要拿來說這樣罵人家中國難民就是對的。而是要表達這種不同族群間的互相欺負，並不是現在才有的事情。很多人看了很生氣，那是因為他們現在才看到。不同族群之間的互相歧視，不管是基於什麼理由所造成，過去並不是沒發生過。」

「那你對有政黨因為這個事件，提出應該立法反歧視，有什麼看法？」A女問。

「雖然我反對歧視，但我並不贊成反歧視這件事情應該立法喔！」B女搖搖頭。

「哦？為什麼呢？」

「我覺得反歧視這件事情，應該要透過更多的公眾討論，以及教育，去慢慢地弭平，去讓更多人理解，並辨識出我們生活中無所不在的歧視。很多時候，我們對自身無意間透露出來的歧視，是不自覺的。這必須要透過很多的溝通、討論、反省，才能將反歧視這件事情逐漸內化到我們的自我價值觀，創造出一個真正多元、能夠相互尊重的社會。

「我反對立法的最大理由在於，當反歧視這件事情要變成法律規範的時候，那就意味著『認定什麼是歧視』這件事情，會變成要交由國家政府去認定。」

「交由國家政府認定會產生什麼問題嗎？」

「問題可大著呢。我先用另外一個狀況跟你說明。你去超級市場買東西，會不會看營養標示？」

「會啊。自從食安風暴後，我買東西都會很仔細地看它的標示寫什麼。」

「現行營養標示怎麼標，是根據衛生福利部訂定的《包裝食品營養標示應遵行事項》，裡面會明確標示哪些成分、哪些項目是一定要標的，包含用詞、格式等。為什麼要這樣定呢？因為在民主法治國家，國家政府有什麼樣的權力，依照怎樣的法條執行職權，都必須寫得清清楚楚。所以如果提到要標示，那就必須在施行辦法中也載明什麼該寫、什麼不需要寫。

「好，那我們以這個例子來看，假如我們訂定反歧視法的話，怎麼樣才算『歧視用語』

是不是也必須要有一個表列出來？不然怎麼執法？」

「誒，等等，這樣聽起來確實就有點不對勁了。例如我的原住民同學，他們彼此之間有時候也會互相說對方是『番仔』，但我知道他們彼此之間說對方是番仔，跟一般人說他們是番仔，那個背後的意思是不一樣的。他們彼此之間說，比較像是一種玩笑，就像有的黑人會戲稱彼此為黑鬼，是一種自嘲。但是其他種族的人若這樣說，大多就比較偏向惡意或歧視的心態。」A女皺了皺眉頭。

「沒錯。就你所說的這個例子來看，是不是歧視，要看當下的使用情境跟脈絡，不是一個人說了什麼詞彙就一定等於是在歧視他人。可是，當變成反歧視法的時候，就很有可能變成『通通不准用』。

「我再舉個例子，我們有時候在餐廳跟朋友聊天的時候，也許講話會比較口無遮攔。我們可能會在非當事人面前說比較不好聽的話，例如辦公室的某某某很娘這類的。那如果有反歧視法，是不是就有可能發生隔壁桌的人跑去檢舉你說了什麼歧視的話？」

「這聽起來好像跟白色恐怖沒什麼兩樣，感覺會侵害到言論自由啊？」

「沒錯，反歧視法最明顯的兩個問題，一個是挑戰了言論自由，而另一個、也是最大的問題是，在官僚制度下，要由誰來認定是不是歧視？我們就當作真的立法好了，那重點是這個法也要有效力，才是我們希望的結果吧？但反歧視法能制止歧視嗎？好比你我會因為法律規定不戴安全帽會被罰錢，而乖乖戴安全帽，但心裡真的對某個族群就是有厭惡歧視心態的人，立法後就不會再歧視他人了嗎？」

「嗯……我覺得好像也不會欸，上有政策下有對策，如果用列表的方式來規定不能講哪些詞，那很快就會有人創造新的詞彙了吧？」

「是啊。」

「我有點懂了，難怪你會說，反歧視這個東西，靠的應該是教育跟更多的溝通，讓反歧視這件事情內化到每個人的價值觀。而不該透過立法的方式阻止。」A女說完後若有所思。

# 死刑，然後呢？

「你有看到鄭捷的新聞嗎？他已經被槍決了。」T男問。

「有啊。老實說，我雖然希望他的死刑最終應該要被執行。畢竟他的犯行證據確鑿，執行死刑本身是沒有爭議的。但這麼快就被法務部長簽署死刑執行令槍決掉，我心裡是有一點不舒服的。」H男說道。

「不舒服？為什麼？他本來就該死啊。」

「我不否認他該死，但政府處理這件事的態度，讓我覺得很可怕。他死刑定讞後，十八天就被處決。如果我們單純看個案，因為他殺人的證據是很明確的，直覺上會覺得越快執行越好。可是我問你，如果今天這個個案，不是像他這樣殺人證據很明確，而是一個無法肯定是否為冤案的死刑犯，那十八天就被處決，不就代表他完全沒有機會救援翻案了嗎？」

「嗯……你這樣說，倒是讓我想到之前鄭性澤的新聞，那個案子也是死刑定讞，但監察院提出這個案子的偵查過程有重大瑕疵，最後是透過非常上訴，才得到重審的機會。」

T男歪著頭，想了想之後說。

「你看喔，我今天先暫時不管這個犯人被判死刑的證據是否充足。一樣是死刑定讞，鄭捷十八天就槍決，鄭性澤沒有。這裡我們可以看出一件事情，就是到底死刑定讞以後，司法的流程要怎麼走，其實是沒有一個正式規範的，完完全全就是看法務部長的態度，看他要不要簽署死刑執行令。也就是今天不管面對的是有爭議或是沒有爭議的死刑，死刑暫緩或是死刑定讞後該給多久的時間、經過怎樣的流程才能簽署死刑執行令，這件事情在中華民國法律上是沒有法源依據的。而這就是讓我覺得不舒服且可怕的地方。這意味著這個政府要不要執行死刑，完全就是看法務部長怎麼決定。」

「這樣感覺法務部長不只權力很大，而且以這幾年的案例看起來，冤案確實存在，但我們的法律似乎並沒有打算針對這個實際狀況去討論死刑定讞後，證據確鑿的案子跟可能有瑕疵的案子，後面到底應該要用什麼流程進行。」

「沒有錯。也就是說，雖然臺灣已經是法治社會，可是針對死刑的執行，本質上其實是靠人治。政府要你死，你就死；政府沒說，你就被放著。所以政府可以利用這點，看輿論來決定要執行死刑，也可以看輿論決定不執行。

「你覺得，看輿論決定要不要執行死刑，這是合理的標準嗎？我覺得不合理。政府做任何事情，最基本的原則應該是要遵守程序正義，也就是不管做什麼決定，都要透過並遵守一定的法定程序。只有這樣，我們才能確保政府這個龐大的機器不至於爆走，傷害到人民的基本權益。如果我們知道現在沒有這個法定程序，站在人民保護自己權益的立場，就應該站出來要求政府制定這樣的法律程序。」H男喝了口咖啡，嘆了口氣繼續說道。

「我看鄭捷死刑新聞底下的留言，其實覺得有點難過。我贊成死刑是一回事，但這不代表我應該贊成政府沒有經過程序正義就執行死刑，這完完全全是兩個層次的問題。畢竟，死刑的判決跟死刑的執行，動用的是國家權力，而在政府面前，人民是很渺小的。如果我們今天因為像鄭捷這種案子，而贊成法務部現在這樣草率簽署死刑執行令的決定，未來如果有一天我們是冤案的主角，我們要用什麼角度跟標準去反對政府這樣做？

很多人在看待死刑這件事情的時候，永遠都不會想到，或許有一天，自己也有可能成為冤案主角，可能有一天也會被政府或其中某些官僚惡搞。這幾年，我們看過很多案件，有真的犯下重罪、罪大惡極的死刑犯，也有被判死刑但其實有很多爭議的案子。我們為什麼不能用一個比較實際的態度，去想想到底應該要怎麼改革制度，而不是好像死刑執行了，就天下太平了。天下真的太平了嗎？還是大多數的人，總要自己親身經歷過一次國家機關的不公義對待，才會願意去思考這些層面跟自己的關係？」

# 臺灣，真的民主嗎？

## 臺灣，民主了嗎？

「你有看那個被憲兵非法搜查的新聞嗎？」M男問。

「有喔。前一天我是先在PTT看到。」B男點點頭。「當時我還以為這是在講古嗎？結果看了一下發文時間，竟然是二〇一六年！瞬間覺得是時空錯亂了嗎？底下的推文也有人在懷疑是真的假的。沒想到，隔天憲兵指揮部竟然自己出來表示，這不是非法搜索，也就是說，那個魏姓網友講的是真的。」

「我也覺得很意外，但我覺得更可惡的是憲兵單位的說法，他們說魏先生簽具自願受搜索同意書。可是對照魏先生在其他媒體訪談的錄影，是說國防部說謊，他女兒在PTT寫的文章也提到，他爸爸有跟憲兵隊要求出示搜索票，憲兵隊卻說『那種東西很簡單，要就有了，倒是爸爸不配合他們的話，就會很難看』。一般人聽到這種話，對方又是憲兵，他敢反抗嗎？這根本就是威脅啊，而且還說當事人涉嫌贓物、妨害祕密罪嫌，這個誰聽了不害怕？最扯的是，憲兵隊事後又給了魏姓男子一萬五，說這是獎勵金。根本自相矛盾！」

「是啊。像今天立法院國防司法委員會就有委員質詢時問到這段，他問：『這個魏姓民眾到底是犯罪嫌疑人，還是對國家有功之人？』國防部長不敢回答。立委又問他們：『你們全程都有錄影錄音？』憲兵指揮部許中將回答有。然後委員又問『從民眾出捷運站開始就有？』結果中將回答沒有。委員一連又問了『把人家帶上車，在車上有沒有？』、『民眾簽搜索同意書時有沒有？』中將的回答都是沒有。」B男說完搖了搖頭。

「那他們憑什麼說對方是出於自願性同意？這年頭電話行銷賣保險都知道通話過程要電話錄音，結果憲兵搜查要人民簽搜索同意書卻不敢錄影錄音。如果他們是用合法的方式取得搜索同意，那過程為什麼不敢錄？而他們卻宣稱有全程錄影，根本說謊！」M男的語氣很激動。

「你知道這事情最可怕的地方在哪裡嗎？它反映了一件事，就是憲兵及憲兵官員根本沒有意識到，他們執行勤務時，代表的是國家，而在民主法治國家中，最強調的是政府要守法，政府必須優先於人民守法，這個就是所謂的程序正義。

「程序正義，指的是政府執行任何的職務，都必須要符合一定的法定程序。堅持程序正義，為的是要保護人民的權利不受政府的迫害。你記不記得我們看美國影集的時候，每次警察逮捕嫌犯，都會講一長串的話？」

「有欸。他們都會對被逮捕的人說：『你有權保持沉默，你所說的每一句話，都將作為呈堂證供。你有權請一個律師，在律師趕到之前，你可以什麼都不說。如果你付不起律師費，我們可以免費指派一名律師給你。清楚了嗎？』」

「你知道他們為什麼要說這段話嗎？」B男問。

「不知道欸。」M男搖搖頭。

「這段話被稱為『米蘭達原則』，背後有一個故事，是美國一九六三年時發生的『米蘭達案』。當時有一起十八歲女孩的劫持強姦案，根據受害人提供的線索，警方很快地抓到了米蘭達。在訊問的過程中，警察要他招供犯罪事實並要他自己寫下。審訊後他被判五十年刑期。但是判決後，米蘭達不服，開始上訴，說自白是警察強迫他寫下的，並非自願的供詞。而這違反了美國《憲法》所規定的『在刑事訴訟中不得強迫任何人做出對自己不利的證詞』。後來，美國聯邦最高法院採納這點，指出警察審訊時，必須要先告知被逮捕的人所有相關權利，包括保持沉默的權利，另外，他若選擇回答任何問題，那他所做的回答可用於呈堂證供。如果警察沒有告知相關權益，那取得的證詞就無效。因此米蘭達案原本的判決被推翻，發回重審。」

「那米蘭達後來有罪嗎？」

「這案子後來因為有新的人證與物證，所以也重新受審。最後米蘭達入獄七年。但因為這個案子，從此以後美國警察執行任務時，都必須要對嫌疑犯講這段話，否則就是侵害嫌疑犯的人權。」

「所以他確實有犯罪。但即使有犯罪，他們的法律依舊保護犯罪人是否要自己承認自己有犯案的權利。」M男眉頭深鎖。

「對。我們可以說這是保持沉默的權利。但這個判決背後有幾個意義：第一，就是美國《憲法》保障嫌疑人沒有義務說對自己不利的話，檢方或法院不能夠採用不人道或有損尊嚴的方式強迫他說。第二，即使嫌疑人保持沉默，法官也不能因為如此而做出對他不利的判決。第三，嫌疑人在知道後果的前提下，假如說出一些對自己不利的話，這些話必須要出於自願，但如果是被逼迫的，那法院就不能採用這個供詞。

「因為沉默權的確定，因此美國跟西方民主國家在對犯罪嫌疑人提出公訴前，都必須要蒐集有利的證據來證明犯罪行為是真實存在的。米蘭達原則最大的意義，是對於公權力的制約，畢竟人民面對政府，是小蝦米對大鯨魚。政府的權力如果不能依法被約束，就很有可能造成對人民權利的侵害。」

B男喝了口咖啡後繼續說道：「所以我們來看看我們憲兵的聲明跟他們的實際作為是什麼。他們宣稱當事人涉嫌贓物、妨害祕密罪嫌。其中贓物罪屬於非告訴乃論，也就是俗稱為公訴罪。公訴罪的意思是，如果證據有顯示這樣的犯罪嫌疑，不管有沒有被害人提出告訴，檢察官必須主動提出告訴。既然如此，憲兵自然可以向檢察官提出證據，先取得搜索票才去進行搜索。而如果是妨害祕密罪，屬於告訴乃論，又稱為親告罪，也就是必須要有被害者提出訴訟，國家才能去追究被告的責任。那既然有人提告，也勢必可以取得搜索票。

「也就是說，無論是哪一項罪名，沒有搜索票都是不合理的事情，更不要說憲兵用威脅的方式，要當事人簽下搜索同意書。從整件事情到後來憲兵指揮部的發言，我覺得我們的憲兵根本完全沒有法治觀念。」

M男沉默了幾秒，嘆了口氣。「在民主法治國家中，最強調的是政府要守法，政府必須優先於人民守法。你覺得，臺灣真的已經是民主國家了嗎？」

# 競選政見要審查？

「你收到選舉公報了嗎？」W男問。

「有啊，前幾天就拿到了。」C女答。

「我發現一件奇怪的事情，總統候選人的選舉公報沒有政見欄，可是立委的卻有。」

「我也有注意到，正巧前幾天看到一篇文章就在寫這個哩！」C女點點頭。

「是喔，他是怎麼寫的？」

「故事其實有點長，挖下去可以說是臺灣爭取民主的血淚史呢！詳細的部分我再把文章傳給你看。但簡單來說，臺灣戒嚴時期就已經有選舉，而現行《選罷法》的規定，其中有很多項都直接沿用當初戒嚴時期的《動員戡亂時期公職人員選舉罷免法》。像現行的《選罷法》第五十五條，就是沿用當時的內容，這條規定中提到：『候選人或為其助選之人之競選言論，不得有下列情事：一、煽惑他人犯內亂罪或外患罪。二、煽惑他人以暴動破壞社會秩序。三、觸犯其他刑事法律規定之罪。』」

「這跟政見有什麼關係？」

「在戒嚴的時代，雖然有選舉，但候選人的政見在刊登以前，都必須要經過政治審查。在戒嚴時期甚至到解嚴初期，候選人在政見裡寫如『住民自決』這樣的文字，是被明文禁止的，寫臺獨，或一中一臺也都是違法的。如果候選人寫了這些，下場不是被退回重寫，就是政見欄被直接留白，依照的就是這條法律。對當時的政府來說，主張臺獨就是犯內亂外患罪。」

「這樣聽起來，當時的這個法律規定主要是要防堵這些臺獨思想的人，利用選舉政見去宣揚理念。」W男若有所思。

「沒錯，解嚴後的《選罷法》，大多還是沿襲舊法，但追求臺灣民眾自決的聲音卻越來越大，因此地方選委會跟中選會有過很多的衝突。在幾次選舉風波後，中選會官員就提議乾脆廢除政見欄，認為沒有政見就沒有審查的問題。

「但是，沒有政見，衍生的問題是資訊不對等。今天我們要投票前，總是得知道這個候選人的政見吧！不然只有基本資料，大家是在憑感覺選舉嗎？而這個時候臺灣正好進入電視開始普及的年代，當時官員覺得，透過電視轉播、公辦政見發表會，就可以取代政見欄的作用。但那時候又不像現在媒體自由，只有老三臺。所以電視政見發表會就留給省長、總統選舉、直轄市長選舉專屬，比較下層的選舉才保留了政見欄。因此，一九九四年修改公布的《選罷法》中，總統層級的部分就把政見欄給刪除了，這就是總統的選舉公報沒有政見的原因。」

「話說回來，戒嚴時有這樣的規定，是因為威權專制，有其時代背景，但這樣的規定，在已經施行民主制度的今日繼續沿用，真的合適嗎？」

C女喝了口咖啡後說道：「平常我們也許不會去注意法律內規定了什麼，但生活時時刻刻都跟法律有關，在民主法治的社會裡，法律是國家跟人民都必須要共同遵守的遊戲規則，只有當人民意識到這件事情，我們才能去進一步思考，我們以及我們的國家，究竟需要什麼樣的法律。」

## 為什麼不能多數黨組閣？

咖啡廳角落坐了三名男子，從下午就一直在聊這次選舉的事情。

「真搞不懂，為什麼不去談呢？」T男說道。

「你說誰不談什麼？」B男好像剛從恍神中醒來，一時接不上大家聊天的頻率。

「蔡英文啊。馬英九電賀蔡英文當選，而且邀她去總統府談多數黨組閣。蔡英文不是說馬總統應該要聽新民意嗎？那馬總統邀她去談她又不去談，難道要讓臺灣這四個月進入空轉嗎？」

「誒，等等，我覺得這段話有點怪怪的。」E男回答。

「哪裡怪了？」T男問。

「第一，你說難道要讓臺灣這四個月進入空轉，所以你覺得如果蔡英文不去談，陷入空轉是蔡英文的責任？」E男瞪著T男看。

「難道不是嗎？她是新總統啊。」

「可是她現在只是總統當選人，現在的總統還是馬英九。所以這四個月行政單位假如空轉，那還是屬於馬英九的責任啊。」

「啊她就是新總統，她有責任嘛。」

「話不是這樣說啊。我舉個例子，假如有一天你要去接一個新公司的CEO。在進去四個月前談好你要過去了，結果該公司現任的CEO跟你說，請你在進去以前先去跟他談未來公司底下誰要當經理，你不會覺得怪怪的嗎？」E男反問。

「嗯……如果還沒進去，那當然沒有權力也沒有立場去談以後誰要當經理，這樣進去談，說白了也只是談空氣吧。」B男喃喃自語道。T男則不講話。

「是啊，蔡英文雖然是新總統，但她現在畢竟還只是總統當選人。那這情況不是一模一樣嗎？另外，蔡英文為什麼拒絕多數黨組閣，你們知道嗎？」

T男默默地喝著咖啡，B男則說：「她記者會上是有說什麼要回到修憲的程序上處理。但坦白講，我聽不太懂，這跟修憲有什麼關係？」

「在民主法治國家，非常強調政府跟人民都要守法。注意喔，不是只有人民要守法，政府更要守法。而國家的基本大法就是《憲法》，《憲法》其中一個很重要的功能，就是在規定國家的基本組織；也就是說，政府的基本組織運作方式，要遵照《憲法》規定。現行《憲法增修條文》在經過一九九七年的修憲之後，總統任免行政院長，已不再需要立法院行使同意權，這個意思是，現在的《憲法》並沒有授權多數黨組閣的規定，那麼，政府就不應該在《憲法》沒有規定的情況下這樣做。」

「所以意思是說，今天假設國家的基本組織方式要更動，就必須要先去修憲，修了《憲法》，於法有據，政府才能用《憲法》規定的方式採用新法條去運作，對嗎？」B男問。

「沒錯，也就是說，現任總統若真的認同內閣應由多數黨組成，也真心認為要尊重新民意，那麼他該做的不是邀總統當選人去談，因為說真的就算去談又怎樣？沒有法治基礎，這種談出來說好就好、說不好就不好的，叫做人治，不是法治。真正的法治，應該是要求現在執政黨的立法委員們，在新會期配合提案修法，甚至直接修憲，讓多數黨組閣於法有據後，新政府才有可能依照《憲法》，執行多數黨組閣。但如果現任總統根本不想觸碰修憲的議題，那他邀請總統當選人談多數黨組閣，說穿了，除了根本無視法治的精神，也只是在便宜行事，為他自己最後四個月應該做好做滿在卸責而已。」

「不過現在新的國會，民進黨不是已經過半了嗎？他們不能發動修憲嗎？」B男不解。

「你知道臺灣的修憲門檻是世界最高嗎？如果修憲要過，除了立委出席率要達四分之三，投票同意也要超過出席人數的四分之三，然後要付諸公民投票。而公民投票依照現行法律，也有雙二分之一的門檻，也就是投票率要超過一半以上，投票贊成的也要超過二分之一，修憲才會過。這次新國會所謂進步勢力加總人數雖然過半，但還沒有到四分之三，也就是說，目前的執政黨只要不出席會議，修憲提案就不會過。」

E男喝了口咖啡後繼續說：「但坦白說，我們也要去想一個問題：既然《憲法》是國家大法，除了牽涉到人民的基本權利，也牽涉到國家的組織方式，那這麼重要的法如果要修，也應該跟人民經過充分溝通，並且從國家的角度去做整體的考量，再來看要怎麼做一致性的修改。而不是哪個總統、哪個政黨今天突然想到什麼，就來修一下。如果是這樣，那也就失去《憲法》作為國家大法的意義了。」

「要修法那多麻煩啊。我是覺得蔡英文幹麼那麼不通情理，是好的事、對的事，就去做啊……」T男低聲囁嚅。

E男瞬間瞪了T男一眼，接著低頭沉默了一陣子。最後嘆了口氣。「你知道嗎，我常常在想，為什麼我們對於憲政、對於政府組織應該怎麼運作，這些政治ABC的了解普遍都很薄弱。仔細想想，這些明明都是在以前的公民教育應該要強調的基本觀念，但在我們的教育中，從來就不強調這些，也不要大家去思考這些。於是，我們面對這些問題時，還是習慣用直覺去想，就像你說，修法很麻煩，幹麼那麼不通情理，這就是一個很憑直覺的反應，然後就放棄去進一步思考這樣運作的合理性。如果今天這個政府，是總統跟總統當選人談了什麼，就可以怎麼做，然後就直接下去做了。那這跟以前專制時代又有什麼不同？這樣根本就不符合民主法治的精神啊！」

# 護照封面為何不能貼貼紙？

「你之前有拿過臺灣國護照貼紙嗎？」A男問。

「有啊，我拿了好幾張呢。」B女點點頭說完，低頭吃了一口蛋糕。

「我也是，但前陣子我看到新聞說外交部修法，說不能擅自改造護照封面。」C男回答。

「咦，外交部有修法的權力？我以為修法都要透過立法院哩！」B女瞪大眼睛。

「原則上是沒錯，立法權只有立委才有。但是，行政單位還是可以修改法律，只是他們可以修的是層級不同的法律，例如行政命令或施行細則這類。像外交部這次引起爭議，就是因為修改了《護照條例施行細則》。

「在法的層級上，可以分為憲法、法律、命令。立法院內修的法或新增的法，屬於法律的層級，而像外交部或其他行政單位所制定的，是施行法律的辦法或補充，屬於命令這個層級。」A男說道。

「原來如此……」

「不過，這次修法有什麼問題嗎？」C男不解。

「本來可以貼貼紙，現在卻修法說不能貼，這不是大問題嗎？」B女斜眼看了C男。

「喔，我的意思是，雖然我也覺得在封面貼貼紙沒有什麼大不了的。可是護照屬於身分證件，身分證件規範得嚴格一點，說不能塗改，好像也不能說不合理？」

「可是現在的修法，感覺就是完全針對臺灣國護照貼紙而來呀。」

「是沒錯啦，感覺也很不爽。但我這樣問好了，如果封面不能貼貼紙這個規定，是以前就規範了，而不是現在才加的，那你還會覺得不合理嗎？」C男問。

「如果是以前就規定，那好像也只能乖乖遵守了？」B女若有所思。

「所以今天會覺得不舒服，主要是奇蒙子的關係，因為以前沒規定但現在規定了。可是如果我們先把感受問題放下來，國家的法規不是原本就會隨著社會的變化去做修正嗎？當然我們可以去討論修正得合不合理，可是如果只是因為覺得不爽而去反對，我總覺得好像也不是很適當。」

「你這樣說也是啦。」B女點點頭。

「我有些不一樣的看法喔。你記不記得之前幾次我們出國的時候，是走快速通關的？」A男說。

「對呀，因為你之前說常出國申請那個比較方便，確實也方便很多，不用排隊。」C男點點頭。

「那我問你，我們走快速通關的時候，封面長怎麼樣有差嗎？」

「誒，對欸。因為它是掃描『逼』一下，然後臉部辨識或指紋辨識過就可以過去了。」

「然後你回想一下更早以前人工辨識的時候，他主要辨識身分是不是也要看護照內頁？」

「對。」

「原本的《護照條例施行細則》本來就有規定護照內頁不得損毀塗改，那是為了正確辨識身分。我想，大家都可以接受內頁不得塗改的規範是合理的。但是如果我們都可以走快速通關口通關了，是不是就代表著護照封面不管有沒有被貼貼紙或塗改，事實上都不會影響身分的辨識？」A男繼續問。

「這樣講是沒錯。」C男點點頭。

「所以外交部現在增加了這個規定，其實侵害了人民的自由。」

「誒，雖然我覺得封面被限制不能貼貼紙有點管太寬，但說成侵害人民自由會不會太誇張？」C男皺了皺眉頭。

「這邊要先講一個觀念，法律界在討論法的時候，對於政府『侵害』人民的定義是非常高標準且嚴格的，在他們的定義中，政府做的任何規定，只要會限制到人民的自由，都算是侵害。」A男說。

「所以例如像交通規則的規定，本身也是一種對自由的侵害？」C男問。

「對，這是在討論法律時，他們對於侵害會先做這樣的定義，因為不先做這樣的定義，就沒辦法去討論人民為什麼在不服裁定時，可以向政府提起請願、訴願，也沒辦法去討論政府為什麼可以駁回人民的請願。以你剛剛說的交通規則來說，雖然也侵害了人民的自由，卻會被視為可以接受，原因是這樣的規定對維持交通順暢來說，是符合比例原則的。

「我們在討論法律上的比例原則時，會從三點來看：一、是否合乎目的性的原則，例如紅綠燈的規定，目的是為了維護交通順暢、保障交通安全。二、是否符合必要性原則，這點要看的是，為了達到交通順暢的目的，紅綠燈的規定是不是所有手段中，侵害用路自由最小的方式。三、是否合乎衡平性原則，這是在說政府會不會為了一個過小的目的，而侵害人民過大的權利。像紅綠燈規則之所以可以接受，是因為在這三個面向上檢視完後，仍是符合比例原則的；它雖然限制了一般人使用道路的自由，像是綠燈才能通過馬路，可是透過這樣的限制，讓人、車都可以順暢移動，也保障了所有用路人的生命安全，因此在公共利益上，雖然侵害了一般人隨意在馬路上走動的自由，但因為符合比例原則，仍是可以接受的。」

A男說完，喝了口咖啡後繼續說道：「如果我們用這樣的原則來看外交部限制護照封面不能貼貼紙的規定，單純要達到身分辨識效果，限制內頁不能塗改，其實就已經可以達到這個目的。若再對護照的其他地方有所限制，例如限制封面不能貼貼紙，就是一個『多』的規定。既然是『多』的規定，就代表這不是所有手段中，侵害人民表現自由的最小手段，因此我們可以說，這個限制手段是不符合比例原則的。」

「我覺得這樣的討論，就會比『之前沒限制但現在限制，所以現在限制要抗議』的說法，要更能說服人。」C男點點頭。

「嗯，不過名詞要先定義好也很重要啊。如果我今天對於『侵害』的定義跟法律上在討論政府『侵害』人民自由的定義不同的話，那就會變成是我用我對『侵害』的想像去解讀你說的『侵害』，到最後很容易就變成雞同鴨講。」B女說道。

「所以要好好討論一個議題的來龍去脈，除了要說理，也要在過程中不斷地去釐清彼此的感受、還有定義。」

「沒錯，要好好討論一個議題，真的是不容易啊。」

# 自由的滋味

「最近有個電腦遊戲『返校』好紅欸！我昨天看網路報導說它在遊戲販售平臺上，全世界單週銷量排名已經排到第四名了，你們知道它在玩什麼內容嗎？」M女說。

「我沒有玩電腦遊戲的習慣，但看到很多人介紹這款遊戲是以臺灣白色恐怖年代作為歷史背景，這讓我很有興趣。加上看別人介紹讓我很好奇它的內容，結果我花了四個小時看別人的遊戲實況。」T女回答。

「哇！你居然花了四小時看，你平常不是連在家看影集都坐不住嗎？」P男用揶揄的口吻說道。

「對啊，可是我先前看很多人文字介紹都強調說，要自己去體驗那個『感覺』。我想了想，要我自己去玩，實在沒什麼動力，又剛好看到有遊戲實況，想說看人家玩也不錯，結果看了第一個小時的影片就欲罷不能，後來就把它看完了。

「這個遊戲的美術風格很細緻，配樂很棒很用心，恐怖氣氛營造也非常讚。我覺得他們能夠把威權時代那種對言論自由壓迫的氛圍用遊戲的方式呈現出來，讓玩家在遊戲過程中像是進到那個時空去體驗，真的很厲害。

「雖然我個人對解謎遊戲沒有興趣，但是從銷售排名，可以觀察到這款遊戲對於非臺灣人來說，也一定達到某個程度的遊戲性。我聽那個實況主說，國外就有很多人因為這款遊戲，而對臺灣歷史跟文化產生興趣，這款遊戲真的是臺灣之光。」T女說道。

M女點點頭。「我上網看到好多人對於這款遊戲的看法。從其他人的推文、噓文，我才更深刻意識到，我們這一代對臺灣歷史的了解真的很淺薄。我回想以前在學校念的歷史，忘記課本到底有沒有提到白色恐怖的事。對，我知道課本有寫過什麼訓政時期，有寫過戒嚴、解嚴。可是什麼是戒嚴、解嚴？那時候的人生活在那個時代到底是什麼感受？遇過什麼事情？

「我之前看《賽德克・巴萊》的時候就有一種感覺，臺灣歷史其實含有很豐富的故事，而且這些故事在時間跟地區上其實都離我們非常近，可是我們卻不知道。我們花在中國歷史的時間遠遠超過臺灣歷史，先不論我們的歷史教育為什麼是這樣安排的，重點是我們生活在臺灣，卻沒念過多少臺灣歷史，所以有種『臺灣沒有歷史』的感覺，但真的是這樣嗎？」

P男喝了一口茶後接著說道：「你這樣講讓我想到以前的一個新聞。你記不記得曾經有一個報導說陳澄波的名畫失竊了，然後有個電視主播說『陳澄波他自己本人也相當地緊張』，而引起軒然大波？」

「有，那個新聞我印象很深刻。」M女點點頭。「有人說那個記者太不專業。可是，你不覺得以我們的歷史教育來說，這個記者會犯這樣的錯，根本就不意外嗎？我是不知道一綱多本以後的歷史課本有沒有多介紹這些臺灣歷史上知名的藝術家，但我可以很肯定地說，在我們那個還是念國立編譯館課本的年代，歷史課本裡面沒有講過關於陳澄波這個人的生平細節。

「而我之所以會知道陳澄波這個畫家，也知道他是二二八的受難者，原因是小時候我爸媽曾經帶我去看過陳澄波的展覽，裡面有他的畫作展示跟生平介紹，還買了他畫作的拼圖，那時候花好多時間把拼圖拼完還自己裱框。是因為這樣我才對陳澄波有印象。不然其實光靠學校的歷史教育，我根本不可能知道有這個人。臺灣歷史上其實有很多很有貢獻的美術家、醫學家、文學家，可是我壓根兒數不出五個。」

「你爸媽還會帶你去看陳澄波的展覽，那起碼代表他們對臺灣這方面的歷史有興趣，所以才會帶你去吧。我只要跟我爸媽談起白色恐怖，他們就會用蔣經國、蔣中正對臺灣經濟貢獻很大這樣的論調去迴避討論。可是中國國民黨有沒有做對臺灣好的政策，跟他們怎麼箝制壓迫臺灣人的言論自由，這明明就是可以分開討論的兩件事，不是嗎？但他們就是都會用一種『人家有做好的，你為什麼要一直去講人家壞的』的那種態度，不想去談。」

P男說完搖了搖頭。

「你們知道嗎？我長大以後才發現，我爸媽在他們那個年紀來說，真的是異類。長大後有一次跟他們聊到黨外時期的事，我媽說以前我們還小的時候，她跟爸爸要去參加黨外競選活動的場子，都會分開去，就是一個人去、另一個人在家，因為還是會擔心有不測。我那時候想起幼稚園時在住家頂樓燒書的回憶，我爸才跟我說，那時候燒的是黨外雜誌，因為阿公都會去買黨外雜誌來看。

「戒嚴離我們很遠嗎？我以前在學校念歷史的時候覺得很遠。但是仔細想想，解嚴是一九八七年的事，我那時候也六歲了，其實不遠欸，就是我小時候的事。所以難怪為什麼要燒書，因為在戒嚴期間，看書就被羅織罪狀入獄，根本是很平常的事。

「可是反過來想，為什麼很多那一代的父母，像你說你爸媽。他們的態度會是那樣？你想想，如果他們是在民國三十四年以後出生，讀的是中國國民黨國立編譯館那一套的歷史，然後，他們的父母，也就是我們的祖父母那一輩，被威權箝制言論自由的壓迫，嚇到根本不敢說自己經歷過什麼，因為怕小孩子出去亂說而害自己跟家人被抓，所以寧可選擇噤聲。

「然後你去想喔，以前我們小時候在學校所學的，如果對家人講起，發現跟家人的經驗有衝突的時候，你會比較想相信誰？混合年輕的時候會想跟家人唱反調的心態，總會比較想相信學校老師吧？而他們又不像我們這個年代有網路，我們可以很方便地自己去找很多人放在網路上的各種歷史文本。那戒嚴對他們來說，意義會是什麼？」M女說完喝了口咖啡。

「安定吧，因為戒嚴啊，可以想見不會像現在那麼容易知道社會上發生那麼多大大小小的事情。然後很祥和，雖然這種祥和是很表面的。」T女回應。

「沒錯。所以他們那一代會說『臺灣就是太自由了』，雖然我不能認同這樣的說法，但我可以理解他們為什麼會這麼說。因為『自由』在他們的經驗裡，代表的是更多混亂。而這些混亂是以前的『感覺』沒有的。

「『安穩安定』是他們那一代相信的價值，這樣的價值也貫穿了他們整個人生的追求，像是穩定的工作、安定的家庭，所以他們會想要堅持這才是對的價值。當我們去跟他們提白色恐怖的時候，或許只是想就事論事地討論，但一旦討論下去，其實會對他們『堅持自我價值』這件事產生衝擊，所以他們必須要去抵抗，不然他們就得面對『堅持相信的價值可能是有問題的』，這對已經在這種認知下活了四、五十年的人來說，談何容易？這也像是新聞上常看到有人犯罪，結果他的父母說『我的小孩很乖，怎麼可能會這樣』，那個背後的心理機制其實是相同的。」

「你說得有道理，但是這樣就真的很難跟父母輩談這些事啊，可是我覺得好好去面對歷史真的超重要的。」P男嘆了口氣。

「坦白說，如果我父母是這樣，我應該也不知道能怎麼談。不過如果父母是可以談的，甚至如果祖父母輩都還健在的，我想我們至少可以鼓勵他們，聊聊小時候或年輕時候的事，然後讓我們這代把這些記憶好好地記錄下來，從我們這代開始，好好地體會跟理解自由的得來不易，並把這個體會跟理解再傳承給下一代，不要就這樣斷掉了。」M女說道。

T女攪拌了咖啡緩緩地說：「遊戲裡面有一句話：『是遺忘，還是不想回憶？』不過我覺得這句話只適用於祖父母那一輩。父母輩或是我們這一輩，與其說遺忘，不如說是『從來就不知道，何來遺忘？』

「什麼是自由呢？看完遊戲實況，我的感受是：我知道我不知道，所以我想試著去『知道』，正因為我有自由，所以不用擔心我追求『知道』的過程會被抓走、會入獄、會被槍斃。而這就是自由的滋味。」

# 政治，真的很髒嗎？

# 那些年，在我們身上留下的二二八傷痕

「你有看到六福村那個二二八優惠方案被大家罵的新聞嗎？」E男說。

「有啊，我覺得真的滿不適當的。雖然有人會說搞個優惠還要政治正確。但我覺得反方的舉例更有道理。有人說，你如果看到有活動寫『九二一遊樂園優惠』，或是『南京大屠殺香港迪士尼限時優惠』，你會覺得拿這種代表傷痛的事件或日子做這樣的企畫是個好主意嗎？」A女回。

「我注意到的是另外一則新聞，政大有學生在他們學校一條不需要申請就可以貼廣告的風雨走廊，貼紀念二二八活動的宣傳，結果校警不但衝上去把海報撕下來，還當場對他們咆哮。但平常那裡不管貼了什麼廣告都不會被撕，校警跟教官的態度，很明顯就是選擇性處理。」B女說道。

大家你來我往地聊著最近二二八發生的新聞事件。過了一陣子，一直都沒講話的C女突然開口。

「今天放假大家難得出來聚會。這些事情不是都過去了，為什麼每年到這個時候都要一直拿出來講？」

大家突然安靜了下來，看著C女。

「你們幹麼這樣看著我？政治很髒，最好不要碰。二二八不就是查緝私菸引起的省籍衝突嗎？現在都什麼時代了，到我們這代早就沒有什麼省籍不省籍。又何必一直提二二八去撕裂彼此的感情。大家應該要往未來看比較實在。」

E男一副有話要說的樣子，卻又顯得有點壓抑。

A女喝了一口咖啡以後說道：「我問你喔，你為什麼覺得政治很髒，最好不要碰？」

「本來就是啊，那些政治人物都只會為了自己的私利，而你們每次談起政治的時候，那種激動的樣子我看了都覺得好害怕。」

「所以，你是因為看到大家談政治很激動讓你很害怕，所以覺得政治很髒不要碰。還是因為你先覺得政治很髒不要碰，所以大家談政治的時候才讓你害怕？」

「誒……我確實是本來就不喜歡談政治。我們家人也都不談，他們總說不要碰政治比較好。」

「所以你會覺得政治很髒不要碰，有一部分的原因，應該是來自於家庭教育。因為家人跟你說不要碰政治，久而久之你就產生政治很髒不要碰的感覺。」

「我沒想過這個問題……大概是吧。」C女聳了聳肩。

「你知道嗎？我最近一直在想，為什麼我們這個世代，在三一八以前，大多對政治冷感。甚至很多人，都有跟你一樣的想法，覺得政治很髒不要碰。我發現『政治很髒不要碰』，幾乎是我們這個世代跟父母輩這個世代很普遍的氛圍。但是為什麼？為什麼家人會跟你說政治很髒不要碰？是因為他們碰過，覺得很髒，所以要你別重蹈覆轍嗎？」

A女喝了一口咖啡後，繼續說道：「最近因為二二八，我跟其他的朋友也在聊。加上最近看了好多關於二二八的史料——那些以前課本沒有教的歷史。我發現一件事情，我們上一代會說不要碰政治，以至於我們這代普遍地對政治冷感。還有六福村對二二八沒有敏感度造成被人家罵的優惠企畫，甚至是政大校警、教官對二二八文宣跳腳，這些正是二二八事件，還有那些我們不知道曾經發生過的歷史，在我們所有人身上留下來的傷痕。」

「我不太懂你的意思。」C女看著A女說道。

「我先說一個我自己的故事。小時候，我們家每隔一段時間，就會到頂樓去燒書。」

「好奇妙，沒事為什麼要燒書？」E男問。

「我小時候也不知道。反正小朋友看到火就很開心。一直到我大學有一天，父親偶然講到以前祖父有在看黨外雜誌，每隔一段時間都要把這些雜誌燒掉，免得被發現或被人舉報。我在那個時候才恍然大悟，原來那個時候燒的書，就是黨外雜誌。可是你知道嗎？這是我小時候的事情，那時其實臺灣已經解嚴了。為什麼我的祖父還是認為必須把書燒掉？

「因為二二八，因為白色恐怖，還有那些很多我不知道的、過去的歷史，留在他們身上的傷，太痛了，痛到讓他們無法相信，解嚴後他們就真的擁有自由，而不用再害怕被政府迫害。在解嚴以前，那是一個沒有言論自由的年代；那是一個政府要抓你就可以隨便安你罪名的年代；那是一個買本雜誌都要有門路才買得到而且要偷偷摸摸的年代；那是一個跟我們現在完全不一樣的年代。

「那時候因為臺北城很亂，祖父母到鄉下避難，所以我們家不是二二八事件的受難者，但他們一定聽說了別人家的誰消失了、誰被抓了。所以，二二八事件，一直到解嚴這段時間，政府各種箝制自由的做法，有沒有在我家族留下傷痕？有。他們沒有提過，但燒書這個動作，就是這個傷痕的體現。

「可是我們的課本，有沒有好好地講過二二八的前因後果？有沒有好好地講過政府當時各種箝制自由、壓迫人民的事？有沒有講過當年為什麼臺灣會通貨膨脹嚴重到要用四萬元換一塊錢新臺幣的前因，正是因為他們把臺灣的資源都拿去挹注中國戰事造成的？沒有！對於二二八，課本只寫了這是省籍衝突，其他的都是對那個年代政府大好作為的歌功頌德，然後，我也就以為二二八就是查緝私菸引起的省籍衝突。可是實際上，私菸查緝引起的衝突是發生在二月二十七日。真正的二二八，其實是因為前一天警察當街開槍與人民爆發衝突後，有大批民眾遊行到行政長官公署，也就是現在的行政院前面，希望透過罷工罷市和平請願，卻遭到國民黨衛兵掃射屠殺。你們知道這段歷史嗎？」

「這是我第一次聽到！以前都不曉得事情始末是這樣。」

「我也是這幾天才聽到。但我們一直以來，認為二二八是省籍衝突這件事情，又是誰灌輸給我們的？拿查緝私菸來替換掉政府對民眾的無差別屠殺，不就是國民黨政府執政下的教育體制，灌輸我們這樣的歷史，讓我們有這樣的認知？政大的校警為什麼會衝上去撕二二八的文宣？政大的教官為什麼會特別要處理這件事？為什麼他們會認為紀念二二八是錯的、不必要的？這些意識型態是誰灌輸給他們的？不也是國民黨政府執政下的教育體制給他們的嗎？

「六福村的企畫為什麼會對二二八毫無感覺？為什麼會有網友認為搞個優惠還要政治正確？不也是國民黨政府執政下，在過去那個年代，透過教育灌輸，透過媒體控制，讓大家對二二八無感，進而沒人相信追究二二八真相很重要的想法所造成的嗎？你們會希望這些歷史在未來重演嗎？」

「不希望……」E男搖搖頭。

「但如果我們都不知道這些歷史。我們都沒有去深究過去國民黨政府對人民有過的暴行，我們都沒有去追查過去的真相。我們又要如何有能力去避免未來再次發生同樣的事情？我同意當這些痛能夠慢慢被撫平以後，大家應該要一起展望未來，但這個先決條件，是真相要先能夠被查明公開啊！」

# 掛國父遺像不好嗎？

「最近國父孫文突然熱了起來。我臉書上好多人貼了很精彩的關於孫文的歷史文章。」Y男說道。

「對呀，起因是民進黨立委提議修正法律，希望不要繼續懸掛國父遺像，只要掛國旗就好。結果國民黨大跳腳，接著就一堆史料都被貼出來了。」M男點點頭。

「我以前都不知道這些歷史那麼精彩，也真的都是課本上從來沒教過的。你對掛國父遺像這件事有什麼看法？」

「我先問你。你覺得國家是誰的？」

「國家是誰的？國家是人民的吧？」Y男瞇著眼回答。

「我們換個方式問好了，你覺得在威權封建體制下的國家，是人民的嗎？」

「我想想啊……如果以中國歷史上的朝代來說，在帝制時代，國家是某個家族的，這個家族就是皇室。所以在那樣的時代裡，國家不是人民的。」

「那你剛剛為什麼會覺得國家是人民的？」

「因為我們現在是民主時代呀！我們的總統是人民選的，我們的立法委員是人民選的，我們的地方議員是人民選的，我們的里長是人民選的；雖然還是會有所謂的政治世家，但他們還是要透過選舉的程序，才能真的取得權力。」

「那你覺得在戒嚴的時候，或是在日本時代，國家是人民的嗎？」

「好問題……那個時候感覺只能被動接受統治。如果在那個時代，我想我不會說國家是人民的。」

「所以你覺得，在什麼狀況下，國家是人民的？」

「在民主體制下，國家是人民的。」

「回到民進黨委員的提案，內容其實是希望把國父遺像拿掉，希望未來不管是國家元首，或是人民，在重要儀典中行禮的時候，對國旗行禮就好，而不用對著一個特定人物行禮。」

M男喝了口咖啡後，又繼續說道：「你想想，如果要對著一個特定人物行禮，那國家到底是人民的？還是這個特定人物的？如果國家不是特定人物的，我們又為什麼要對這個人行禮？其實我以前覺得鞠躬就鞠躬啊，也沒想那麼多。但這真的是一個應該被好好討論的問題。」

「你剛提到要修改法律的提案……也就是說現在要懸掛國父遺像，是因為法律有規定要掛？」Y男問。

「沒錯。而且你知道嗎？我們現在法律裡面還有一個法，叫做《國父陵園管理委員會組織條例》。這是民國三十五年七月公布的法律。」

「不過現在哪裡有國父陵園？」

「有啊，裡面第十三條寫到：『國父陵園管理委員會於北平碧雲寺國父衣冠塚，置管理員一人，助理員二人，均委任。』」

「呃，好荒謬。現在早就沒有北平了。而北京也不在我們的領土範圍內，竟然還有法律這樣規定，我覺得滿愚蠢的……」

「更不要說，站在臺灣視角來看，孫文能否稱為國父，都應該是可以開放討論的事情。而質疑他該不該被稱為國父，事實上也無損於他在歷史上的功績。今天不會因為他不是國父了，他以前做過的事情就被抹滅。」

「是啊。當然從以前受的教育來說，一時之間要去質疑這件事情，還真有些不習慣。」

Y男抓了抓頭，「但讀了很多網路上的史料之後，我才知道孫文生前根本還沒有被稱為國父，死後才被塑造出來。這樣神格化一個人，放到現在這個時代，我們應該也要重新去思考，在民主國家，是否還需要繼續神格化一個人物？」

「所以你問我對掛國父遺像的看法是什麼，我認為在民主國家，我們不應該對單一領袖有任何神格化的偶像崇拜。對遺像敬禮，這本身就是在塑造偶像崇拜，而這樣的偶像崇拜應該要被破除。真正的尊敬，是透過史料的解讀，了解這個人做過哪些事，學習他們的精神。而不是掛一個遺像，用法律強迫所有人都要膜拜。」

# 九二共識是什麼？

「你有看總統就職演說嗎？」A男問。

「有啊，我聽完以後，只覺得中文真是博大精深啊！」B男回答。

「怎麼說？」

「因為五二〇以前，一些媒體，還有中國官方都一直放話說，等著看小英會不會承認九二共識，所以我在聽演講的時候，就一直在注意她會怎麼說。結果她提到一九九二年的溝通協商，說的卻是『我尊重這個歷史事實』。也就是說，她既沒有承認九二共識，也沒有否認九二共識。結果這幾天，你看，中國官方跟臺灣其他政黨就有好多各自的解讀：共產黨說她沒有明確承認九二共識，國民黨說她不承認九二共識，而親民黨卻說她承認九二共識。」

「確實是，她用一九九二年確實有經歷過協商，所以這是一個發生在過去的歷史事實的說法，很巧妙地迴避大家都在期待的九二共識。可是你也不能說她沒有講，只是她用了大家都沒有想到的方式來講。」A男點點頭。

「對呀，結果大家各自解讀，而且解讀的結果還差異很大，實在很有趣。話說回來，我問你，九二共識到底是什麼？」

「照新聞跟一直以來流傳的說法，九二共識就是『一個中國，各自表述』。但我越想就越覺得這種說法一樣是在打迷糊仗。」

「對啊，既然是各自表述，那何來共識？所以所謂的共識，說白了，就是『擱置什麼是一個中國』。而且我後來去查了一下資料，一九九二年辜汪會談結束的時候，根本沒有什麼九二共識的說法，而是後來到二〇〇〇年，該會談後八年，才開始有人提到。如果在事發的當年，相關新聞報導寫起來都是『沒有共識』，那很顯然刻意發明『九二共識』這個說法，只是後來為了政治操作而產生的政治詞彙而已。」B說完聳了聳肩。

「只是當媒體都跟著配合用這個詞的時候，大家就會產生一種『好像真的有這麼一回事』的感覺，卻很少有人或是有機會去想想，這個詞到底是怎麼產生的？還有，這是真實存在的事實嗎？」

「是啊。以歷史來說，一九九二年確實有辜汪會談。所以說這是歷史事實，是很客觀的說法。當時的報紙也寫到：『海協會代表卻不顧海基會繼續商談的要求，逕行返回大陸。此外海協會明知雙方就『一個中國』的『表述』問題並無交集，卻對外一再揚言雙方已獲得共識。這種言不顧行、行不顧言的作風，錯失達成協議的良機。』從當年這段新聞報導其實就看得出來，在一九九二年時根本就不曾產生過任何共識。

「今天先不去討論後來九二共識是怎麼蹦出來的，我們回到一九九二年的新聞紀錄去看，當時就是沒有共識。」

B男說完，喝了口花茶。又繼續說道：

「那天在我的臉書牆上看到有人寫這麼一段，讓我有一種恍然大悟的感覺。他寫說：『一九九二我國直選總統了嗎？一九九二立法院雖然全面改選，但是選舉是在十二月，香港會談是十月。所以一九九二年它代表什麼民意？』我才態態想到，對欸。然後才去查了一下歷史資料。在那之前所謂的中華民國第一屆立法委員，是在一九四八年選出來的，當時中華民國政府還占有現在對岸大部分的領土。所以那時的立法委員名額分配，還包含蒙古西藏呢！一九四九年因為國共內戰失利，中華民國政府全面遷移到臺灣，其中三百八十幾名的立委也跟著來臺灣。這些立委年紀漸大，逐漸凋零，一直到一九六九年，國民政府才進行中央民代增額補選，之後每三年選一次，一直到一九八九年為止。

「但當時從對岸到臺灣的立委，都沒有經過全面改選。當時沒有過世的立委，他們的任期一直到一九九一年才結束，長達四十三年，所謂的萬年國會就是這樣來的。也就是說，在一九九二年十二月立法院全面改選以前，當時的政權，以及當時的立院，都不足以代表在一九九二時空下臺灣多數人民的意志吧？因為當時總統不是臺灣人民自己選出來的，而除了增額補選的立法委員之外，大多數的老立委所代表的也不是臺灣的民意。所以你看喔，在這種時空背景之下，我們先做個假設，就算當時真的有所謂九二共識好了。你覺得這個共識是誰的共識呢？」

「我覺得，這樣最多只能說是當時從中國來的中華民國政府，與中華人民共和國的共識，但要說這是跟臺灣人民一起溝通過的共識嘛……我是不認同啦。」

「更不要說當時根本沒有共識。所以為什麼我們要拿政治人物所創造的詞彙來畫地自限呢？」

# 民粹不好嗎？

咖啡廳的角落坐了一家人。

「你們這些說要查黨產的根本就是民粹！」說話的男子F看起來像是這家子的長輩。

「那些黨產都是用非法的方式取得的，本來就該查，對的事情哪有什麼民粹不民粹。」一個年輕女子G回應著，一邊說一邊翻了一下白眼。

氣氛顯得有點僵。

「民粹是什麼意思？」年輕男子S打破了沉默。

「民粹……民粹就是……你們是多數暴力！」F男被問得有點語塞，愣了一會兒才吐出一句話。

「可是民主不也強調少數服從多數？為什麼在你口裡就變成民粹？」S男歪著頭繼續問。

看F不說話，S繼續喃喃自語著。「為什麼一個你其實也不是很清楚的詞，在你口中可以變成一句罵人的話呢？」

S喝了一口咖啡，又問道：「所以民粹到底是什麼意思呢？」

這時一直保持沉默的L女開口說：「現在的政治人物把民粹當成政治操弄的同義詞，所以在他們口裡，民粹成了一個有負面意義的詞彙。可是在學界，他們認為民粹所指涉的現象太廣了，以至於對於民粹的定義沒有什麼共識。在學術上提到民粹，比較多把民粹視為是一種『程度』的差異，而不是『有無』，民粹這個詞本身其實是一個沒有正負面意義的中性詞彙。」

「聽起來有點難懂。」S男皺了皺眉頭。

「我們從民粹這個詞的發源講起好了。民粹主義的概念是從拉丁文 populus 來的，這個詞代表人民的意思，也被翻譯成『平民主義』、『大眾主義』。廣泛來說，它指的是『政治必須遵照人民的偏好才是對的』。但因為民粹的樣貌太多元，以至於這個詞彙也是在社會科學語彙中，最沒有精確定義的詞彙之一。

「但我們平常在說民粹這個詞的時候，已經變成一種政治標籤，跟學術界對於民粹的想法是很不同的。雖然學術界對於民粹的定義沒有共識，但他們提到民粹的例子時，有幾個共通點，像是『訴諸人民』、『反菁英』、『訴諸人民以反抗既有權力結構、主流觀念和社會價值的行動』。古希臘城邦發明民主制度以後，對於認為政治應該由誰來掌握，就有很精彩的辯論，比如政治究竟應該由菁英貴族掌握，或是一般大眾來掌握？你覺得我們現在的政治是由誰來掌握呢？」

「嗯……由一般大眾選出來的菁英掌握？」

L笑了笑。「古希臘針對這個議題有兩派想法，一派認為人民容易被煽動，缺少知識且反智，容易受情感影響，所以他們覺得政治應該由一小群菁英來決策跟推動。而支持民粹主義的另外一派則覺得政治菁英只會追求個人利益，會腐化且不可相信，因此認為應該要由人民直接決定政治事務。」

「這兩種說法好像都有部分對的感覺。這樣聽起來，民主其實有一小部分的內容，跟民粹很像呀。如果民粹強調的是政治必須要遵照人民的偏好才是對的。那民主不也如此嗎？」

「他們確實有很相似的地方。剛剛提到民粹主義的實際樣貌很多元，原因是歷史上很多運動，都被視為是民粹運動。像是德國納粹，就屬於一種民粹獨裁，它指的是人民支持獨裁政權實行專制。但是像美國金恩博士領導的黑人民權運動，也被視為一種美國公民民粹運動。」

「這樣聽起來，民粹運動有可能是正面的，也有可能是負面的？有點像是水可載舟亦可覆舟的感覺。」S喃喃自語著。

「沒錯。所以我剛說，在學術上，民粹被視為一種程度的差異，而不是有無。舉個例子，如果今天有人上街表示要查黨產，是不是一種民粹？如果這是訴諸人民的大眾主義，那他可以被視為是一種民粹。而反過來說，如果有人上街表示他反對查黨產，是不是一種民粹？他其實也是一種民粹。

「當政治人物控訴意見跟他不同的人在搞民粹的時候，這種叫大家不要去檢驗意見好不好、只要片面相信自己的聲音的說法，其實本身也是一種民粹。反之，民主裡面是不是有一些民粹的影子？以『政治必須遵照人民的偏好才是對的』、『訴諸人民』和『反菁英』這幾個我們對於現代民主的共識來看，確實是有的。但民粹比較像是一個過程、一個現象，而民主則是一種政治制度，兩者雖然有相似的地方，卻不能說是完全相同。」

「我比較好奇的是民粹這個詞怎麼會變成一句罵人的話，而且用的人大多也許根本不了解民粹的意思。」年輕女子G說道。

「這也是有原因的，在歷史上，民粹曾被拿來形容政客以民意為後盾而破壞體制的行為，例如德國納粹。以至於到近代，就變成一個有負面意涵的詞彙。但現在的政客用這個詞的問題在於，他們只是單純拿民粹來指責意見跟自己不同的人，並且認為自己的意見是最客觀中立的，而拒絕討論。回想一下我剛提到希臘民主政治的討論，菁英派認為人民容易被煽動，缺少知識且反智，容易受情感影響，所以他們覺得政治應該由一小群菁英來決策跟推動，你們覺得這段話有沒有什麼問題？」

「其實我覺得這句話沒什麼錯，人確實是情感的動物。但我不認同因為這樣，權力就得集中在菁英身上。因為菁英也是人。只要是人，就有可能被煽動，就有可能反智，就有可能被情感影響，這是人性，不會因為他們是菁英，就比較不會有人性的問題。」

「是呀。所以像剛剛，爸說『民粹是多數暴力』，這句話應該反過來說。多數暴力是不是一種民粹？是。但民粹不等於多數暴力。而要避免民粹演變成多數暴力的根本方法，是人民也要充實自己的知識，這樣我們才有可能在討論的過程中，用論述去說服彼此，並且願意傾聽、思考對方的意見，而不是只用情感選擇要往哪裡靠攏，還用感受去指責意見與自己不同的人是民粹。當我們把民粹當成髒話在用的時候，其實也就關上了跟意見不同的人交流的大門啊！」

還有這些問題

你想過嗎？

# 醫療崩壞，你看見了嗎？

「八仙事件第二個傷者過世了……」W男刷著手機看新聞，跟D男說道。

「有，我昨天看網路新聞有看到。我覺得滿無奈的。這幾天有很多文章陸續都在討論這件事情。老實說，我對這段時間媒體處理整個新聞的方式非常不滿。」

「怎麼說？」

「一直到現在，大部分的新聞都圍繞著家屬講了什麼。從一開始第一個過世的傷者就是這樣，一直報導他們的家屬講了什麼。然後到現在，一堆報導講著哪個藝人又說了什麼祈福的話、寫了什麼祈福的歌。我不是說這些不能報，但比例實在高得太誇張。」

「嗯，這倒是真的。」W男點點頭。「而且像之前報導家屬抱怨醫院的事情，我真的覺得臺灣人有一個很大的毛病，就是永遠搞不清楚真正該究責的對象是誰。醫院負責救人，但今天他們的孩子會受重傷，是政府督導不周、廠商便宜行事所造成，結果卻去怪醫院。」

「家屬抱怨醫院的事情，我會從兩個層面看。第一個層面是家屬的心理狀態。老實說，家屬的抱怨，某個程度上是一種悲傷的反應。人在悲傷難過的時候，除了在那個當下可能無法用理性去分析事情，悲傷之後接著是憤怒的情緒，想跟周遭討價還價，來減低悲傷的衝擊。我們可以不必接受家屬這種不理性的發言內容，但還是可以試著理解他們的哀傷。只是，理解哀傷不代表我們需要認同他們對醫院的指控，因為我們知道，他們現在很難過、很難理性看待所有事情，這樣就夠了。要跟他們說理，得先安撫他們的情緒。當然，我也不贊成家屬無限上綱地因為自己孩子受傷，就覺得可以這樣揮霍別人對他的同理心，那變成是一種情緒勒索。所謂的同理心，是彼此的。大家同理家屬的哀傷，但家屬也應該要同理醫護人員的辛苦。」

D男喝了口拿鐵，又繼續說道：「可是另外一個層面，是媒體的層面。我覺得整件事中最讓人憤怒的，不是家屬在情緒失控時說了什麼，而是媒體為什麼要把這些當成新聞，而且還不斷地報導？老實說，家屬有抱怨是人之常情，但新聞應該做出理性的價值判斷，不必特別在家屬說的『醫院什麼處理都沒有』上面著墨，那對於醫護人員來說，就不需要去承受那種被新聞莫名指控的壓力。

「如果媒體在製作報導的時候，可以用更持平的角度去描述，例如提醒觀眾說家屬因為哀傷而怪罪醫護人員，但經過查證醫院也已經有做過怎樣的處理，我相信對家屬跟醫院，都是比較好的。但現在媒體的處理方式，只是不斷地激起更多的情緒、更多的對立。」

「我覺得你說得有道理欸，新聞怎麼呈現，真的很容易去影響到觀眾的情緒跟看法。現在很多新聞的寫法，感覺就只有挑起情緒，卻缺少對事情的探討。」

「然後你看，你不覺得發生了這麼重大的事情，跟醫療最直接關係的行政單位衛福部卻像沒事一樣，沒人去問他們？你有看到衛福部出來有什麼作為嗎？事實上，醫療資源就是有限，在有限的情況下，政府的責任，就是處理資源分配的問題，怎麼會是家屬自己在和醫院討論哪些病人該送哪裡？又憑什麼讓家屬決定想去哪個醫院、睡哪個病床？這時候政府就是應該主動去介入。」

「結果現在大部分說設備、人員吃緊的消息，都是從幾個醫院醫師傳出來的。政府口口聲聲說資源盤點，但實質到底做了什麼？六月二十七日晚上到現在六天了，事實上在爆炸的當天、知道傷重人數有多少時，只要是醫療人員，心裡大概就已經有底，知道應付這些燒燙傷患者會造成整體醫療多大的負擔。這段時間也很多醫療人員在說，其實在燒傷的瞬間，就知道這個人能活或不能活了，也能直接預測這個人即使活下來，後面的復健之路會有多漫長，而這還不包含心理建設等等。六月二十八日行政院還說後續醫療資源充足，結果衛福部七月二日才說傷患人數龐大，現在負責治療的醫院沒有辦法再負荷其他急診病患。這些事情難道是現在才預料得到的嗎？」

D男越講越激動，「而且我最不能夠認同的是，衛福部第一時間的作為，居然是說醫院不用跟病人收費，由健保署、新北市專案補助。然後誇下海口說只要是八仙樂園粉塵爆炸事件所產生的醫療費用，一律比照辦理，一副醫療資源隨你們用、吃到飽的樣子。請問今天這個嚴重災害，是天災嗎？不是。這完全就是政府核可活動漫不經心、廠商無視安全只求獲利、政府平常無視醫療崩壞的人禍，憑什麼要全臺納稅人買單？當我們是凱子嗎？今天不是說不能募款、不是說不能專案處理，但這種覺得好像撒了錢就沒事的處理方式，我完全無法接受。」

W男點點頭，拍了拍D男，嘆了口氣。「老實說，這造成的醫療排擠效應。已經不只是那五百多名傷者的事情了。這段時間，大家最好都不要生大病、出意外，因為很可能會沒有醫生可以幫你好好看病、好好處理了。」

D男苦笑道：「恐怕不是只有這段時間。已經有醫院高層說這段時間願意自動支援的醫師，不發加班費。然後也已經開始有病患家屬在醫院抱怨東抱怨西的。醫護人員的熱血可以燃燒多久啊？等這段時間過後，醫護人員會有多嚴重的離職潮，我是完全不敢想的。我是沒有小孩，擔心自己就好。但我很認真地說，有小孩的人，要花時間思考這件事情啊！你到底想留怎樣的未來給下一代呢？」

# 教育的重要性？

「最近看新聞底下的一些留言，我真的覺得這個社會上還是有好多人——特別是成人——觀念偏差得很可怕。」A女說。

「怎麼說？」B女問。

「那天我看到小燈泡媽媽的發言，我覺得她好理性，如果是我發生這樣的事情，我可能無法有這樣的反應。可是她的發言也讓我去反思很多事情。」

「我也這樣覺得。不過這跟你說很多成人觀念偏差的關聯性是什麼？」

「因為這幾天媒體都會把小燈泡媽媽在臉書的發言當成新聞，我有看到朋友轉貼她的臉書訊息，然後才知道她之前本來有提到她不關部落格，但最近卻關掉了。」

「哦？為什麼？」

「因為有人跑去她那裡洗版，用很多自以為是的想法在批評她，說她這種反應根本是不愛女兒、想紅，說她意有所圖，說她是不是要出來從政了……等等的。」

「誒，等等，這些人在腦補什麼？雖然小燈泡媽的理性讓我覺得她能夠做到這樣很不容易，但每個人處理內在情緒的方法本來就不同。也許有的人是呼天搶地，也許有的人是壓抑，而有些悲傷，可能是在很久以後才慢慢地被釋放。

「重點是，面對悲傷是她自己的事情，她沒有義務表演給外人看。只因為她沒有符合這些人期待的『悲傷家屬』的樣子，就跑去批評她，跟那些情緒化反廢死、跑去要支持廢死者小心的人，在心態上有什麼不同？」

「你講得好客氣。我覺得這些人的根本心態，跟隨機殺人者沒有不同啊。就是『你讓我不爽我就鬥死你』。所以我看到那些言論的當下，真的很生氣。」

A女說完喝了一口咖啡，又接著說：「可是退一步想，我又覺得，這些人好悲哀。為什麼他們是用這種方式在看待世界？是不是在這些人的世界裡，不符合他們期待的樣子，他們就會覺得對方意有所圖、不正常？我不會這樣看，你也不會，很多人都不會。可是為什麼就是會有人用這樣的方式在看待世界？那個原因是什麼？」

B女想了想說道：「嗯……這是個好問題，但你這樣說，倒是讓我想到前幾天看到的一篇報紙上的讀者投稿。那個人是親子遊樂園業者。他說他在管理遊樂園時，常會觀察家長跟小孩子的反應，來作為日後經營改善的參考依據。在這個過程中，他時常看到有些家長帶著小孩去遊樂園，但自己本身並不遵守遊樂園的規範，例如園內只能帶開水、禁止飲食，但當他們違反規定而被工讀生制止時，第一反應卻是翻臉教訓工讀生，批評工讀生服務態度差。

然後，園內有規定入內要脫鞋穿襪，沒有襪子的話，在售票口可以購買襪子，這些在入園動線上都有貼相關標示，但就是有家長看都不看，等被工讀生提醒請到售票口買襪子時，就開口罵人，又堅持不穿襪子，跟工讀生在小孩面前爭得面紅耳赤，好像所有規定只要他覺得不合理就不對。

A女點點頭。「你看喔，小孩子最初的學習對象就是父母。我們常常說身教大於言教，但這些父母的表現，不正是在告訴小朋友，不用管規定，自己覺得對就是對的？不就在告訴小朋友，犯錯被提醒的第一個反應不是認錯，而是吵架跟批評對方？那這些小孩子如果也真的學了家長的反應，而在日後的教育裡，又沒有機會去學習其他類型的待人處事方式，他們長大以後，就有很大的可能會複製這些家長的行為模式。」

A女頓了頓，嘆了口氣後繼續說道：「我不知道那些發表仇恨言論的，或是那些覺得受害者家屬反應不合他們期待就要撻伐受害者家屬的人，他們的心態是什麼。但很顯然的，他們用自己處理悲傷的方式，去認為別人也該用同樣的方式，而當別人不用這種方式的時候，他們的反應是指責批評。那會不會在他們的生命裡，也曾經因為情緒反應不符合他人期待而招致指責批評，以至於他們學會的，是用同樣的方式去指責他者？

「今天他們會有這樣的行為反應，我雖然很生氣，但我相信背後一定也有形成他們這種反應的原因在。而這不也就印證教育真的很重要？我們如果是真心關懷下一代，那最重要的，其實是從我們自身做起。當我們能夠做到自我反省、做到有錯認錯，我們也才有能力教出會自我反省跟肯認錯的下一代。也只有這樣，這個社會才真的能夠有機會變得更好。」

# 性解放很可怕？

「我問你喔，為什麼有人說支持婚姻平權就是性解放？」T女問。

「爭取婚姻平權確實是性解放的一種實踐，不過，你為什麼會想問這個問題？」M女回答。

「這個嘛……我是支持婚姻平權的，也支持修《民法》。可是我不懂為什麼婚姻平權就是性解放，我本身並不支持性解放……」

「嗯，那我問你，你覺得性解放是什麼？」M女問道。

「呃，就是像多P、外遇那些的。」T女的語氣有些不安。

M女沒有馬上回答。她喝了口咖啡，沉默了一陣子後才開口說：「你是不是覺得談起這些跟性有關的事情，讓你覺得很尷尬？」

「確實是。」T女點點頭。

「如果我今天說階級解放的時候，你會想到的是什麼？」

「我會想到無產階級解放戰爭、對抗財團或大企業之類的。」

「為什麼會有無產階級解放戰爭？」

「因為無產階級是被壓迫的底層階級，為了從被壓迫的情況中掙脫，為了對抗壓迫而革命，因此產生對抗。」

「好，所以在階級解放中，解放的意思是從被壓迫的情況中掙脫，所謂的解放指的是對壓迫的對抗，你同意我這樣的解釋嗎？」

「嗯，我同意。」

「所以，重點在於『解放』是什麼意思，對嗎？在社會學中提到的解放，在英文裡面對應到的詞彙是emancipation，這個詞的意思是指『擺脫束縛、壓迫的一種狀態，使人獲得自由』。所以當我們說階級解放的時候，我們會知道是要擺脫階級壓迫，說知識解放的時候，會知道是要擺脫過去知識被菁英壟斷，讓大家都可以有獲取知識的自由。可是你有沒有發現，當有人說『性解放』的時候，第一時間會想到的卻不是『擺脫性的壓迫』，而是『性開放』？」

T女皺了皺眉頭。「對欸。但是……所謂擺脫性的壓迫是指什麼？確實很多人在談性解放的時候，我第一時間想到的是性開放。也因為這樣，我才會對『婚姻平權就是性解放』這樣的說法有一點害怕。」

M女吃了兩口蛋糕後說道：「那我們就來談談什麼是性解放。性解放所追求的有很多面向。可以分成知識、政治、自由三個層次。

「知識上的性解放，是指破除對性的迷信，例如像是破除處女情結，或是抵抗對非處女的歧視，甚至像是顛覆老人家說『懷孕不能拿剪刀』之類的觀念，都屬於知識上的性解放。

「你有沒有發現，很多人都覺得若要攻擊一個女生，最大的武器就是性？像是我們可以聽到有人用『小心我強暴你』作為威脅，或是用『公車』、『北港香爐』來嘲笑一個女性是有豐富性經驗的人。可是，我們不會用這樣的方式去攻擊男性，為什麼？因為社會觀感認為，女性應該要純潔、天真，而不應該像男性一樣追求性歡愉，這不就是對女性的性在進行根深蒂固的壓迫嗎？因此追求性歡愉的女人會得到負面評價，但對於男性，社會評價卻是『風流』。這就是屬於過去從觀念和知識上，對女性進行壓迫的一種方式。

「性解放的第二個層面，是指政治上的，追求的是民主、平等，像是女性可以參政、可以投票，或是以前需要冠夫姓但現在不用、以前小孩一定要跟爸爸姓，現在可以選擇跟媽媽姓，甚至以前財產都只分給兒子，現在女兒也都有平等獲得家中財產的權利，這都是政治上性解放的成果。

「性解放的第三個層面，是每個人都能做自己身體的主人，有選擇如何對待和使用身體的權利。不管是男性、女性，都有選擇喜歡哪種性行為跟追求性愉悅的自由。很多人聽到『性解放』，第一時間會聯想到的是這個部分。

「所以你應該也聽過追求性解放的，很多也會贊成廢除通姦罪。原因就是他們認為，只要是在雙方合意、沒有人被強迫的情況下發生的性行為，都屬於個人自由的範圍，不應該用國家力量去介入或懲罰，認為通姦罪的存在，是透過國家的力量干涉個人身體自主權的選擇，因此應該要廢除以《刑法》介入婚姻中的性忠貞。性忠貞違反的是《民法》中的婚姻契約，本就應該由雙方自行去議定，並由民事法庭作為裁決單位。

「所以根據這樣的定義，確實可以說性開放是性解放在自由這個面向上，所追求的一部分。但是我想強調是只有『一部分』，原因是性解放想追求的自由，是『任何人都可以自由決定自己想要怎樣的性』。這句話的意思是，不管一個人決定結婚以前要守貞，還是要在很年輕時就跟很多人做愛，結婚以後要不要去外面找小三，都是個人的自由，是成年人之間自行議定的契約關係，不管是哪一種選擇，都不應該由國家體制介入干預，或是受到社會觀感的壓迫。

「性解放所追求的自由，不是『一定要性開放』，也不是『一定要性保守』，而是不管你選擇性保守或是性開放，都是你個人自主的權利，而不管選擇什麼，別人也都沒有權力去對個人的選擇進行法律或道德的壓迫。這不是說破壞婚姻性忠貞的人沒有責任喔，事實上，《民法》的通姦罪還在啊！而且，《刑法》通姦罪中的有期徒刑幾乎已經沒有在執行了，加上賠償的金額上限也很低，所以如果真的想要討回自己的權利，走民事訴訟才是確保能夠好好得到賠償的管道。」

「聽你這樣說，『性解放』所指涉的範圍其實很廣。而我當時聽到會感到害怕不安的原因，是因為我把『性解放』這個詞直接等於『性開放』。但這樣的認知本身其實並不正確。」T女說。

「不過其實這也不能怪你。而且因為性解放所牽涉的範圍很廣，婚姻平權確實是性解放的一種實踐，性開放也可以說是性解放的一種實踐方式。但我們卻不能說性解放等於性開放，而你也不需要去認同性解放所有的實踐方式，但你一樣可以支持婚姻平權。

「而且，你有沒有想過為什麼我們講階級解放或知識解放的時候，都不會覺得哪裡奇怪，可是講到性解放的時候，我們就會覺得不自在？」M女問。

「嗯，我想，有一部分應該是因為性在我們的社會一直被塑造成很神祕、很隱晦的關係吧？我記得以前我們到國中才有性教育，而教到生殖器官的課程時，班上同學都會笑得很奇怪。」

「對，因為性對我們來說是禁忌，以至於什麼東西扯到『性』，大家很自然就會用一種特殊的態度去看待。而也因為這樣，當很多人聽到『性解放』的時候，就會用同樣特殊的態度去看待這個詞彙。」

「前幾天我看到一篇在說瑞典人性態度的文章，文章裡寫道，對瑞典人來說，性就像運動跟營養，是跟每個人身心健康有關的嚴肅課題，而這種把性攤在陽光下的態度，反而讓自古以來藏在性這個符號後面的揶揄與羞恥慢慢地被瓦解。」

「我覺得我們可以從瑞典的經驗去思考。過去，我們一直把性當成是一種禁忌，這件事本身是不是應該被翻轉？當一個禁忌不再是禁忌的時候，也許，我們才有機會用比較健康的態度來面對性。」

# 你願意為營養午餐出多少錢？

咖啡廳坐著兩個約三十來歲的女生，一個旁邊放著嬰兒推車，有一個小孩在嬰兒車內熟睡著。

「你有沒有看到防腐藥水煮白飯的新聞？」嬰兒推車旁的女生S問道。

「有啊！我有看到，我覺得廠商實在太黑心了！給小朋友吃的飯欸！」女生M點點頭。

「我一開始看到的反應跟你一樣，可是等我生氣完又在想，事情真的像新聞寫的那個樣子嗎？後來網路上陸陸續續好多文章在寫這件事，我一篇一篇慢慢看，才發現背後的問題更大。」

「你說的背後的問題是指什麼？這不就是廠商想便宜行事、壓低價格，所以才做這種黑心的事情嗎？」M的口氣還是有點激動。

「你先不要那麼激動。聽我慢慢說。我問你，你自己在家煮飯，從買食材到水電瓦斯的花費，平均一餐大概需要花多少錢？」

「我想想喔……如果自己煮，當然食材會儘量挑新鮮、便宜的，再把水電瓦斯加進去，平均一餐大概也要四十元吧？」

「你是一個人住，自己煮可以省的有限，像我們家，因為一次煮給四個人吃，食材加水電瓦斯，平均起來一個人一餐大約二十五元。如果吃得比較少，最低也要二十幾元。」S邊說邊比手畫腳。

「對啊，煮飯這種事，還是人多比較好處理，成本也比較低。」M點點頭。

「那我問你，一般外面便當大概多少錢？」

「最便宜、最陽春的五十，貴一點一百以上也是有。」

「所以外面賣的，最便宜大概一餐五十元，應該不為過吧？」

「對呀，因為我們自己煮只要食材跟水電瓦斯，人家營業還要把人事成本、設備店租都算進去。其實不管是五十還是一百的便當，依不同菜色來看，都算是合理的價錢。」

「可是你知道嗎？以嘉義縣來說，縣內國小一餐只給廠商二十八元，國中三十三元，其中人事費加設備費固定占十二元。」

「一餐三十三元？等等，那不就是花在菜錢加水電瓦斯上，只有二十一元？」

「對。所以你大概可以想像利潤有多低。因為利潤很低，就必須要一次煮很多很多，這樣平均下來才可以維持足夠的利潤營運下去。」

「可是這也不是加防腐藥水的理由啊！」

「你不要激動啦，先聽我說完嘛。我剛說一次要煮很多，你覺得這個很多，到底是多少？」

「我不知道欸……」

「業界說，以供應量一萬份來計算，大概要從天黑煮到天亮。」

「一萬份的量……想想還滿驚人的欸。」

「然後這一萬份的飯，不是煮完就沒事了，要跟菜分裝送去學校。這當中，運送過程會有保溫問題，也有飯菜會不會在運送過程中長出細菌的問題。之前因為有塑化劑風暴，很多人認為用塑膠裝就是不健康，所以像高雄市，後來就要求業者改用不鏽鋼桶裝。表面上，高雄市看起來很在乎食品安全，但卻忽略了塑化劑的產生跟溫度有很大的關係，也就是在過度高溫下，塑化劑才會有從塑膠溶解出來的問題。」

「可是改成不鏽鋼桶裝也沒有不好，不是嗎？畢竟現在很多人都會覺得用塑膠就是比較不好。」M皺了皺眉頭。

「同樣的飯放在塑膠桶跟不鏽鋼桶，最大的差異在於保溫。金屬失溫快，失溫的結果，反而造成米飯溫度降到容易滋生細菌的溫度。這次被爆料的甫洲米食工廠，他們一天要負責八至九萬人的米飯，不要說一百人，五十個人拉肚子，他們都擔當不起。所以，你覺得他們能怎麼做？」

「……」M不說話。

「這個廠商為了確保食品安全，除了添加報導提到的VN-103、VN-151來降低生菌數，放米飯的不鏽鋼桶，還會先用稀釋過的氯水洗過，再推去蒸氣高溫蒸煮三十分鐘。因為做了這些努力，甫洲米食實際添加抑菌劑的量是千分之五．七，這比廠商建議的使用量千分之十，還要再低了一半。而這兩個添加物，都是依法可以添加的東西，所以，實際上這個案子完全不能夠拿來跟頂新這種黑心廠商做比較。

「站在『法』的角度，這件事從頭到尾都沒有違法。我們可以去討論米飯食用安全的問題、討論廠商有沒有誠實告知，或討論『法』本身合不合理。可是這些都不去問，只用一句『他們就是黑心』是沒有辦法解決任何事情的。」

「如果你沒說這些，我其實沒有想到原來廠商煮個飯，學問也這麼多。」M一改剛剛提到廠商就激動的反應，低聲說著。

「是啊，我也是看文章才覺得很意外。新聞把這些過程都濃縮了，把這件事情單純打做黑心，其實是對廠商非常不公平的。回到我剛才說的成本。一餐二十一元，為什麼會有這麼誇張的定價？還是要回到採購法的問題，公家單位做任何事都得依照採購法辦理，而在多數情況下，這等於就是採價格標，也就是出價最低的得標。然後，得標者再層層發包出去，也是都用價格最低的得標，結果就是廠商為了生存，只能薄利多銷。就有知情人士提出數據，說甫洲米食的利潤大概只有百分之二至三，等於賣一百元賺不到三元，一天必須要煮六萬份營養午餐，才可以打平收支。」

「百分之二至三很少欸，像我在公司做網路行銷，隨便一個通路平臺抽成都是百分之二十起跳的。」

「是啊，這樣說你就知道那個落差有多大了。對廠商來說，如果讓他可以增加設備、擴大產能，就可以不使用加抑菌劑這樣的方式來避免食物變質。可是當利潤只有百分之二至三，一餐白飯要從原來三、四元調整到五元的時候，碰到家長說經濟困難，那廠商又要如何擴大產能？這些都是要成本的。」

這時熟睡的嬰兒發出聲音，S轉身過去拍一拍後，小嬰兒又繼續睡了。

「如果撇開成本問題，營養午餐最好的做法，其實是每個學校或是區域學校聯合起來自辦廚房，量少、距離近的情況下，剛煮完的飯就能夠在最短的時間內送到小朋友的手上，也就不需要使用額外添加物的方式保鮮。但這樣勢必會增加每一餐的成本，家長願意嗎？如果要這樣做，營養午餐的政策也必須要做改變，相關立法也都要配合，包括如何照顧經濟弱勢的家庭，讓他們仍然能吃得起健康的學校供餐。有多少人願意從這個角度去正視這個問題？又或許我們應該問問自己，我們是真心覺得學童健康很重要嗎？」

# 為什麼要有落日條款？

W女拿著手機問：「你看一下這個民團的聲明，裡面提到抗議這次前瞻條例修法沒有『落日條款』，他們說這個條例不止適用八年，而是永久有效，說這在未來會造成財政危機。我有點看不太懂，為什麼修法要有落日條款？永久有效不好嗎？」

E女看完說：「這個問題有點大，要拿類似的例子來一起看會比較清楚。

「在這之前，要先知道為什麼需要有特別條例。政府在做公共建設的時候，常常會需要借錢，借錢是一種舉債的行為。但是，我們也知道不能讓政府無上限地借錢，還有，必須要規範政府怎麼借錢跟怎麼審查錢用去哪，所以，國家就有《公共債務法》來規範每一年政府可舉債的額度上限。

「但是，如果遇到執政者提出全國性的擴大公共建設計畫，那就幾乎一定會超過單一年度的舉債上限，這種情況要怎麼辦？就必須要另外制定特別條例，來把這樣的計畫視為一種『例外』，並且規範這個『例外』的舉債上限，以及其他要注意的事項。

「過去在馬、扁兩任政府時期，行政院都曾經為了大規模的公共建設計畫，希望讓舉債上限可以不受《公債法》舉債額度上限的限制，而另外提出特別計畫使用的特別條例。」

E女說完，喝了一口咖啡。

「那它們都有落日條款嗎？」W女問。

「有的，畢竟這屬於『例外』，所以在條例裡面都會提到這個法施行到什麼時候為止。扁政府時期的《擴大公共建設投資特別條例》就有『施行至中華民國九十八年十二月三十一日止』；而馬政府時期的《振興經濟擴大公共建設特別條例》，是『施行至中華民國一百零一年十二月三十一日止』。日期一到，這個特別條例就會自動廢止。

「但這次前瞻條例最後三讀的版本，卻完全沒有落日條款，而且也沒有寫這個條例可以適用幾個年度、幾次。表面上，執政黨聲稱四年四千二百億、只用八年，但在法律解釋上，只要沒有落日條款，就代表可以一直繼續用下去。

「若是可以一直使用，那已經是常態性的舉債，就應該要回歸到《公共債務法》的規範內。但因為這些是『例外』舉債，所以才需要額外制定特別條例。

「所以像你問說『永久有效不好嗎？』問題是在於這樣常態性超過《公共債務法》規

定的上限舉債，你覺得是好事嗎？」

W女歪著頭想了想。「聽起來確實是哪裡怪怪的……這就好像我偶爾出國血拼，會請銀行臨時提高我的信用卡刷卡上限。但假如我真的經常需要超出我現在額度的上限，我就會直接跟銀行爭取提高每月刷卡額度。所以說，假設政府真的要常態性調高舉債上限好了，那不就乾脆直接去修《公共債務法》就好了？」

「好問題，但《公共債務法》對預算的審查規範其實相對比較嚴謹。而從扁政府、馬政府到現在的蔡政府，之所以都喜歡用特別條例匡列特別預算的原因，是因為透過這個方式，預算審查的方式會比一般年度預算的審查要來得寬鬆許多。」

「意思是說……比較容易放水嗎？」W女皺了皺眉頭。

E女苦笑。「我不知道這樣詮釋對不對。但因為舉債上限都是『例外』了，所以審查方式當然也可以『一起例外』。

「我只能說，比起民間要跟政府提計畫書申請經費，中間需要歷經的繁瑣與嚴謹的審核，而面對四年四千二百億的預算，卻好像只要行政、立法都同一黨，就能輕鬆碾壓在野黨的所有意見，不需要經過細膩的討論就強行通過，這個於情於理都不是對的事情吧？不要說申請政府計畫了，我就是在公司提個企畫案，也不能這麼隨便啊！

「完全執政、完全負責，聽起來是很棒的口號，但相對來說也容易造成立法權的自我閹割、自動替行政權做護航。這件事，不管國民黨或是民進黨，其實誰執政狀況都一樣。

「分錢做建設大家當然都開開心心的，哪個地方不想要有錢做建設呢？但特別條例沒有落日條款真的好嗎？難道我贊成建設就代表我該連帶贊成不用落日條款嗎？難道我贊成建設就代表我一定要無視行政院亂寫一通、連金額都會加錯的計畫書嗎？我想我們都該好好思考這個問題。」

# 防災教育在哪裡？

新年過後的第一個週末，咖啡廳滿滿都是人。角落坐了兩男兩女，看起來像是兩對情侶。

「這次臺南維冠大樓倒成那樣，實在太可怕了……」T女說。

「對呀，電視上很多討論，都直指是因為偷工減料的關係。」S男回應。

「嗯，不過看起來應該是綜合很多的因素，像是一樓也被爆料說房東為了要把房子租出去，把整個空間的支撐牆都打掉。看到這個新聞時，我媽說以前還住在舊公寓的時候，那時候一樓的人也是要把一面支撐牆打掉，想要把房子空間推出去陽臺，增加室內空間。但我媽知道那面牆屬於很重要的主結構，就跟其他鄰居一起下去抗議，雖然當時他們已經在牆上打了一個洞，但在其他住戶們的抗議下，阻止了他們繼續打掉那面牆，只把打掉的部分改成窗戶。這是九二一以前的事情，我媽說當時如果沒有去阻止，九二一我們那一棟就很有可能也會是受災戶。」B女說完喝了一口果汁。

「你知道嗎，我以前從來就沒有意識到，原來住同一棟樓，打掉不該打的牆壁，是很有可能會損害到整個大樓結構的。然後我看到電視上有專家在說，之前網路曾經瘋傳一個救命黃金三角的訊息，其實也是錯誤的，他說那個訊息太強調天花板掉下來壓到人，但實際在災害現場，受困的人往往是先被家裡身邊的家具倒下給壓到的，而不是天花板。正確的做法，應該是在地震發生時，確認自己不會被倒下的家具壓到，並且一定要保護自己的頭部跟頸部。

「我看了以後就一直在想，為什麼會這樣？為什麼我們的危機意識那麼薄弱？臺灣明明是天災頻繁的地方，可是為什麼我們對防災的觀念，卻大多只能仰賴不知道對不對的網路訊息？」T女說道。

「我想，因為畢竟我們一般人並不是念建築的，也不懂房屋的結構安全。關於防災或災害發生時要怎麼做，如果我們的普通教育裡面也沒有強調這類觀念的話，大概就很難產生所謂的危機意識。」A男點點頭。

「不知道現在中小學的防災教育做得如何？」T女歪著頭想了想。「我記得在我們那個年代，偶爾會做防災演練，但坦白說，頻率並不算很高。而我小時候都覺得比較像在玩，每次都希望趕快結束，心態上其實並沒有很認真面對。除此之外，我對學校的防災教育沒有太多其他的印象。」

「我覺得平日的防災教育真的很重要。如果平常就有在教這樣的觀念，也許我們會更有危機意識，又或是我們至少能夠更冷靜地做出能夠救自己一命的行動。我那天看到一篇文章，在講日本三一一地震，因為海嘯造成了很多人傷亡，可是在日本岩手縣釜石市，這個在歷史上常常受到海嘯侵襲的城鎮，卻發生了奇蹟。海嘯發生的時候是下午放學時間，可是釜石市的中小學生卻在沒有師長的領導下，幾乎全數生還。」A男說。

「天啊！那真的是奇蹟欸！」B女驚呼。

「但如果我們仔細看完這個故事，會覺得這其實完全不是奇蹟，完全不是僥倖。而是一個很有心的教授——片田敏孝教授，七年來辛苦耕耘的結果。」

「哦？怎麼說呢？」S男問。

「這位教授在海嘯研究中，發現釜石市是歷史上常受到海嘯災害的地區，但是距離上一次海嘯，已經是幾十年以前的事情。一來人民已經漸漸淡忘海嘯的可怕，二來現在海邊都有防潮堤的建設，於是年紀大的居民對於海嘯的態度大多是：『住在連海都看不到的堤防旁邊怕什麼？而且如果真的有大海嘯來的話，那就是老天爺要把我接走了。』片田教授一開始是針對當地成年人開設防災課程。但結果來的都是固定的人。他發現對防災有興趣的人就會來，而沒興趣的就是沒興趣，於是認為防災教育應該要從學校開始，因為小孩子不像大人耳朵那麼硬。而且小孩子對未來還有追求，如果他們有防災概念，他們長大後也會把這樣的防災意識傳承給下一代。雖然，入學考試並沒有防災這樣的科目，在初期推行時有很多反對的意見，但由於當地老師也意識到防災的重要性，就努力地把與海嘯相關的知識塞到各種科目中，像是數學考題裡面，就會有如果海嘯來的時候，要跑多快才能活命之類的。而且，學校每個月都會進行一次避難訓練。」

「一個月一次……我記得以前防災演習好像了不起一個學期一次……」T女喃喃自語。

「是啊，所以我們這裡的演習到最後常常都只淪於形式，卻沒有真的發揮教育危機意識的效用。日本大地震的時候，釜石東中學校的學生開始先跑到第一個防災路線避難所，但是跑到那裡後他們覺得不妙，就跟老師提議到第二個避難所。在那裡遇到平常一起進行避難訓練的小學生，但看到海面的狀況覺得還是太危險，於是中學生就拉著小學生的手繼續往上跑。在他們離開後不久，原來的避難所就被海嘯襲擊。在逃難過程中他們也遇到托兒所的小小孩，於是中學生一人一臺推車塞著四、五個小小孩不斷地繼續跑。最後除了有五名學生當時不在學校外，全部都獲救。」

A男喝了一口咖啡後繼續說道：「片田教授的防災教育有三個重點：不要被預設給騙了、要盡力地逃、要成為率先避難者。」

「要盡力地逃可以理解，但不要被預設給騙了，跟成為率先避難者是什麼意思呢？」T女不解。

「你看他們的故事，他們逃到第三個避難點才停下來。過程中小朋友是自行判斷這個避難點是否安全，覺得不安全就繼續往下一個跑。如果當初他們相信原先預設的避難點就安全的話，他們就全部喪生了。成為率先避難者，則是一種群眾心理。通常人遇到危機時，會先看周遭的人的狀況。如果大家都在逃，那自己也會想逃。可是如果都沒有人動，就也會覺得自己沒有必要逃。所以成為第一個逃的人其實很困難。但在他們的故事中，中學生就帶著小學生跑，而其他的住民看到有那麼一大群人在跑，就會覺得也要跟著逃。由少部分的人建構出『需要避難』的氛圍，在災害真的來臨的時候，是非常重要的。」

A男頓了頓，又繼續講下去。「對那些小朋友來說，從小到大的避難訓練跟防災教育，已經成了他們生活的一環，於是當災害來臨時，他們很自然地就能夠照著訓練逃難。我們看日本地震時，對於日本人在災害來臨時竟然還能夠那麼井然有序覺得很不可思議，但其實這正是他們長期透過避難訓練跟防災教育產生的成果。

「但，防災教育的規劃，其實非常仰賴政府政策的制定。防災教育雖然不用考試沒有成績，卻是面對災害時很重要的一環。在臺灣現今這種太過追求成績的氛圍下，我們願意讓學校花多少心思在這方面的教育呢？看看國外，也想想我們自己，面對已經發生的災害，我們想要一個怎樣的未來呢？」

公民社會系列 1
蒂瑪小姐咖啡館：咖啡館裡的公民課

作　　　者：蒂瑪小姐咖啡館小編
特 約 編 輯：張彤華
審　　　稿：喬瑟芬
封 面 設 計：黃聖文
內 頁 排 版：黃子芳
社長暨總編輯：鄭超睿

出 版 發 行：主流出版有限公司 Lordway Publishing Co. Ltd.
出　版　部：臺北市松山區南京東路五段 123 巷 4 弄 24 號 2 樓
電　　　話：0981-302376
電 子 信 箱：lord.way@msa.hinet.net
郵 撥 帳 號：50027271
網　　　址：http://mypaper.pchome.com.tw/news/lordway

經　　　銷：紅螞蟻圖書有限公司
地　　　址：臺北市內湖區舊宗路二段 121 巷 19 號
電　　　話： (02) 2795-3656
傳　　　真： (02) 2795-4100

2018 年 6 月 初版 1 刷
書號：L1803
ISBN 978-986-95200-8-9（平裝）


國家圖書館出版品預行編目 (CIP) 資料

蒂瑪小姐咖啡館：咖啡館裡的六堂公民課／蒂瑪小姐咖啡館小編著 .-- 初版 .-- 臺北市：主流 ,2018.06
176 面 ; 14.8×21 公分 .--( 公民社會系列 ; 1)
ISBN 978-986-95200-8-9( 平裝 )

1. 公民教育 2. 民主教育 3. 公民社會

528.3　　107009552